APOLOGIE
DES PETITES CORVÉES

www.editions-jclattes.fr

Anne de Chalvron

APOLOGIE DES PETITES CORVÉES

Les plaisirs secrets du ménage

Illustrations d'Émilie Boudet

JC Lattès

Maquette de couverture : Atelier Didier Thimonier
Illustration de couverture : Émilie Boudet

ISBN : 978-2-7096-3684-1

Première édition janvier 2012.

À Charlotte

INTRODUCTION

Longtemps jugé comme une activité secrète, un peu honteuse, le ménage sort du cagibi. Aujourd'hui, tout le monde en parle. Dans le bus, à la pause-café, après le dîner, à la télé. Un cadeau pour une pendaison de crémaillère ? Rendez-vous sans hésiter au rayon vie pratique des librairies. Les nouveaux guides du savoir-faire, modestes en apparence, ont des tirages à faire pâlir les prix littéraires. Côté ustensiles, les robots ménagers au look futuriste ne rechignent pas à paraître dans le salon. On murmure même que les chèques Darty ont remplacé la traditionnelle vaisselle sur les listes de mariage.

À l'époque de l'iPod, du TGV, du facebook planétaire, n'avons-nous pas tous besoin de garder un peu les pieds sur terre ? La personne anonyme avec son chariot dans sa supérette, la grande star aidée par son chauffeur pour porter les paquets, éprouvent le même engouement. Employées du tertiaire ? Idoles pour une génération ? Aujourd'hui, la hiérarchie s'efface devant la balayette. Sans aucune réticence, entre deux tournages, l'ex-petite lycéenne de *La Boum*, Sophie Marceau, déclare : « J'ai besoin de faire du sport, courir, danser, de rigoler, de faire le ménage, il faut que ça passe par le corps. »

Les stars ne sont pourtant pas obligées de frotter leurs parquets. Alors qu'est-ce qui les motive ? Nous ressemblent-elles, à nous les « obscurs, les sans grade », partagés entre bureau et domicile et qui devons assumer les tâches ménagères ? Les témoignages recueillis dans ce livre sont d'une variété rare pour une activité aussi banale. Delphine : « Je range, ça remet les idées en place. » Nora : « J'aime pas trop déléguer… » Alain : « C'est pour le plaisir du coup d'œil. »

Oublions momentanément celles qui ne voient dans leur ménage qu'une corvée à laquelle on ne peut échapper depuis des siècles. Les autres, loin de ce sempiternel fardeau, prennent les choses à la légère.

Repartir à neuf, remettre les compteurs à zéro, voilà un sentiment très répandu. Rien ne l'incarne mieux que le grand ménage de printemps. L'espoir de vaincre son stress du bureau, d'oublier ses peines de cœur, de vaincre sa solitude, autant de ressorts secrets des adeptes du frotti-frotta. Ou bien est-ce la volonté d'afficher une maison nickel aux yeux des autres ? Au moment où ça déborde côté poussière, bavarder ou rire en faisant la vaisselle à plusieurs peut être une routine rassurante dans une société incertaine.

Mais loin de nous l'idée de philosopher.

Des créatrices, des intellos de tous poils estiment que certains actes quotidiens comme ouvrir sa fenêtre, épousseter les meubles, sont des préambules nécessaires à leur travail. À l'instar de Marguerite Duras, qui expliquait qu'elle ne pouvait se mettre à écrire le matin sans avoir fait elle-même son lit. Si le thème du ménage revient en force dans leur création, ce n'est peut-être pas une coïncidence.

Signe des temps actuels, cette activité envahit les façades des cinémas et les piles des libraires spécialisés dans le roman d'auteur. Les protagonistes de ces œuvres abordent le ménage par des biais très surprenants. Sa gestuelle influe probablement sur l'activité cérébrale. Vaste débat qui suscite des discussions acharnées entre les spécialistes. Puisque dans ce livre nous évoquerons souvent la poussière, mentionnons ceux qui en ont fait leur gagne-pain. Ce sont des romancières et des journalistes voulant en avoir le cœur net et n'hésitant pas à se déguiser en femmes de ménage, histoire de voir ce qui se passe sous la moquette.

Au hit-parade de cette tendance, les mamans sont les grandes gagnantes. Pour beaucoup, le bonheur de donner « un peu de son âme », même avec un aspirateur, reste un credo établi, et pour longtemps. Même de loin, salariées ou non, féministes ou non, par femmes de ménage interposées, elles gardent un œil vigilant sur la maisonnée. Après le succès foudroyant de *Mrs. Doubtfire*, un nombre d'hommes conséquent commence à préférer les joies de la plonge à la douceur du sofa.

Cerise sur le gâteau, le ménage compterait parmi les armes infaillibles pour séduire en cas de rencontre, si besoin est. La lingerie et la lingette, même combat ? Tout couple moderne digne de ce nom avoue apprécier les bonheurs du parquet partagé. Outre la bonne conscience en regardant un espace nickel, quelle façon agréable, en duo, de laisser la course du monde effrénée dehors sur le paillasson.

1

Home, Swiffer home

Qui dit ménage dit maison à ranger. Cela étant, on n'est pas plus avancé. Allons y voir de plus près. À l'origine, le mot *mansio*, « ménage » en latin, signifiait aussi « demeure ». Un tel rapprochement n'a jamais été autant d'actualité. Faire de son chez-soi un cocon beau et propre face à la pollution ambiante, aux informations alarmantes, devient un réflexe vital pour beaucoup d'entre nous.

Locataire ou propriétaire ? À deux dans cent cinquante mètres carrés ? À trois dans un studio exigu ? Peu importe. Chacune, chacun, aime par-dessus tout avoir le sentiment d'être à l'abri, seul ou en famille. Encore faut-il, pour avoir la paix, trouver l'ambiance adéquate… Si jamais votre boîte à idées demeure vide, il n'y a qu'à observer les dernières tendances et vous trouverez la solution. Faites comme Emma l'été dernier : plutôt que de continuer tout droit l'autoroute du soleil un jour de grand départ en vacances, bifurquez à la sortie Ikea. « Nul besoin de voyager pour être heureux », nous a confié la jeune femme, cheveux au vent, derrière ses lunettes de soleil. Cette inconditionnelle de la grande bleue mettait pour la première fois (et comme beaucoup d'autres) son credo en pratique : « Mieux vaut dépenser son budget vacances pour relooker la maison plutôt que de le consacrer à une semaine de bronzette. Le plaisir est plus durable. » D'ailleurs, l'affluence au mois d'août dans ce genre de magasin évoque plus les rivages de La Grande-Motte que le préau désert d'une école.

La nouvelle passion ne connaît parfois plus de limite. Cas extrême, cette mère de famille qui, après un ouragan sur la côte Atlantique, déclarait préférer mourir avec son pavillon plutôt que d'abandonner ses meubles. Auteur de nombreux ouvrages sur l'histoire de l'habitat, Monique Eleb est formelle : « La dimension protectrice de la maison est devenue primordiale. » Selon cette psychologue, avoir un toit apparaît vital pour l'équilibre : « L'idée d'un vrai "chez-soi" renvoie plus que jamais à la possibilité d'entrer en contact avec sa sécurité intérieure. » Pas besoin de hauts murs. Des objets familiers, des couleurs, une odeur qu'on reconnaît suffisent. Jadis, nos ancêtres se servaient de leur grotte ou de leur hutte pour se protéger de la faune ou des intempéries. Au fil du temps, les familles n'ont cessé d'enjoliver leurs foyers comme autant de possessions jalouses du bonheur. Et nous continuons. À la différence près que, dans nos *sweet homes* adorés, toutes les fantaisies sont permises ! Et si le design fait la loi à travers les modèles des magazines déco, des grandes surfaces en vogue, chacun veut pouvoir dire son mot.

Dans l'anonymat des grandes villes, dans le flou des repères, le lieu de vie est bel et bien devenu le garant de l'identité personnelle. Agathe l'a compris : « Je tiens absolument à ce que chacun de mes enfants s'exprime. J'ai transformé mon meuble sous évier en un grand tableau noir. » Cette mère de famille accomplie nous confie qu'elle aussi, loin de l'effervescence désordonnée de son bureau, adore refaire son lit avant de se laisser aller à sa passion de toujours… le dessin.

La maison, notre dernier bunker ?

Ne nous y trompons pas. Si aujourd'hui elle permet de s'exprimer dès le plus jeune âge, elle a également tendance à devenir une « ruche » beaucoup plus ouverte : familles recomposées, amis, voisins, gens de passage.

Ainsi, les traditionnelles pièces deviennent des univers de vie où tout se croise : travail, détente, convivialité. Autant de regards nouveaux, parfois inconnus, et de mouvements qui salissent ? Peu importe. Voilà que le ménage acquiert ses lettres de noblesse aux côtés du bricolage et de la décoration, marottes à la mode. Lui aussi devient un moyen de créer de l'esprit et de s'approprier chaque jour un peu plus notre « coin du monde », comme le disait joliment le philosophe Gaston Bachelard.

Laver les sols, épousseter sa bibliothèque, faire briller l'inox : des moyens de s'assurer qu'on est chaque fois un peu plus chez soi. Pauline, hôtesse de l'air : « Loin des vacheries de la hiérarchie, du stress, du *jetlag*, ça fait du bien de retrouver son chez-soi. C'est presque un rituel, je passe mon jogging et j'époussette en cadence au rythme des musiques de mes boums d'ado à Rio. »

Si vous avez besoin d'un conseil, il n'y a aucune situation, même la plus tordue, qui ne soit pas passée en revue par les nouveaux guides du savoir-faire ménager dont les tirages font pâlir les prix littéraires : *Bonnes habitudes pour petits et surtout grands cochons*, *Pas à pas : je fais mon lit... Je nettoie les vitres du salon*, *Attention ça tache.* Les « corvées ménagères », disparues du vocabulaire ? Plus besoin de cacher ses efforts, d'autant plus que les motivations se multiplient.

La maison : mieux qu'un curriculum vitae

L'œil du voisin, c'est bien sûr le danger qui guette. Et si l'on aime tant bichonner son espace, c'est qu'on veut en être fier. La maison n'est-elle pas devenue la carte d'identité qui « fait l'appoint » quand le boulot ne marche pas trop ? Autrement dit, si vous ne pouvez pas vous balader avec chauffeur, la machine à café du séduisant George Clooney suffira.

Aujourd'hui, le « beau » est à portée de tous, grâce à Conforama et autres grands magasins design. Condition : savoir l'entretenir en permanence. Un coup d'éponge et voilà votre petit nid à neuf. C'est en effet une exigence forte, comme le préciseront les professionnels du secteur. L'enjeu est important : on veut se sentir bien chez soi, évidemment, mais également que ceux qui y passent « trouvent ça joli ». Avant de recevoir ses copains, le week-end, Katia, une passionaria du balai, fait son appart à fond. Elle avoue parfois s'arrêter en plein ménage pour prendre quelques photos. Elle nous les a montrées. Souci du détail étonnant, on dirait un décor de magazine ! Enfant déjà, elle avait bien compris la leçon : « Dès que je savais qu'une copine venait, je passais le balai partout dans ma chambre, je nettoyais à fond la cage de mon lapin en y ajoutant de bonnes odeurs. »

Aujourd'hui, ce réflexe a tendance à s'amplifier. Pas question de dévoiler une intimité négligée à la maman du nouveau copain de notre chérubin. Ni au voisin, ni à la collègue de travail qui, ô malheur, passe pour discuter des soldes avant qu'on ait fini de briquer. Question famille, aucun détail n'échappera aux beaux-parents à l'ancienne venus vérifier que leur fils n'aura rien à regretter de son choix…

(Rappelez-vous ce grand chef d'entreprise, qui a divorcé parce que sa femme posait les casseroles à même la table du dîner...) Rien ne doit traîner ou être laissé au hasard. Tout doit briller dans un présent permanent. Et aussi sentir bon. Lavande, pin maritime ou brise marine, peu importe, c'est comme les yaourts, chacun a son parfum préféré. Franchir un seuil, c'est en savoir plus sur les occupants qu'après des heures de discussion. Certaines de nos interviewées ont confié que sans une maison impeccable elles perdaient leurs moyens et se retrouvaient le moral dans les chaussettes – propres heureusement.

Le jugement des gens de passage a son importance, nul doute là-dessus. Mais à l'intérieur, chacun veut à la fois pouvoir être seul et entouré ; avoir la possibilité de se retrancher pour buller, travailler, ou participer à la vie. Et la balayette suit. Une situation qu'Évelyne résume en quelques mots : « Cléa doit pouvoir faire ses devoirs pendant qu'Hugo se repose de sa boum de la veille et que je tiens mon atelier d'écriture dans le salon. »

Face à ces nouvelles exigences de vie, des endroits autrefois purement fonctionnels et fermés comme la cuisine deviennent des salons ouverts et conviviaux où la moindre saleté est traquée. La propreté s'impose d'autant plus que les téléviseurs sont souvent à côté des casseroles. Les devoirs des enfants traînent au milieu des ordinateurs. Les repas s'y déroulent la plupart du temps, y compris en présence d'invités. Rien n'est à négliger pour ces retrouvailles quotidiennes, moments forts de la vie de famille. Verres et services de table sont savamment orchestrés dans les placards, éclairés de l'intérieur par de nouveaux luminaires.

À cela s'ajoutent tous ces *must* actuels que sont les matières naturelles : abat-jour en nid d'abeille, mugs habillés d'écorce, tabourets recyclés en caoutchouc, difficiles à épousseter mais si plaisants à ressusciter. Et il est bien sûr impensable de laisser tremper le plat dans l'évier.

Renouant avec une pratique médiévale, les chambres deviennent aussi des lieux d'activités diurnes. Ces traditionnelles « pièces à dormir » ont tendance à se moduler en bureaux ou en salons. Télétravail oblige, on y installe de plus en plus sa console d'ordinateur dans un coin. Et tout se mélange : rapports, comptes, factures, courrier, chats câlins, de race ou pas. Gare à ceux et celles qui laisseraient les moindres faux plis sur le lit ! Ne doit rester visible aucun reliquat de la nuit.

Petites, exiguës, sophistiquées, grandes comme une niche ou hangars à jacuzzi, les salles de bains deviennent lumineuses, s'ouvrent sur la chambre ou les autres pièces de la maison. Les baignoires sont doublées par les douches « à l'italienne », plus tendance. Pour la chambre des enfants, idem. Tout doit être irréprochable à toute heure, en toute saison.

Vitrine officielle de la maison, le salon doit montrer patte blanche, car il est devenu la caisse de résonance de la famille en plus des gens de passage. On y parle, on y lit, on s'y repose, on y joue, on y regarde la télé devant un plateau repas. N'oublions pas que cette pièce d'apparat, née au siècle des Lumières, connaît une nouvelle jeunesse au temps de l'halogène et autres LED. Les éclairages flashy révèlent la moindre ombre au tableau ! Pas de quoi décourager la ménagère pour autant. C'est même l'inverse. Contre toute attente, jamais le besoin de briquer n'a eu, aux dires de nos interviewé(e)s, des effets aussi stimulants sur le moral !

« Plus que jamais on veut un beau chez-soi »

Entretien avec Cécile d'Humières, architecte d'intérieur

Tenez-vous compte des exigences du ménage dans votre métier ?

Je conçois souvent des habitats pour des couples qui travaillent et qui ont envie que tout aille vite. J'évite les recoins, les nids à poussière, je propose des revêtements et des matériaux adaptés à la fonction et à l'usage des pièces, en tenant compte des évolutions possibles.

Quelle est la demande des clients ?

Plus que jamais on veut un beau chez-soi. Le développement des grandes surfaces permet d'avoir (plus ou moins) à portée de main les images de rêve véhiculées par les magazines et les revues déco : lignes épurées, impression d'espace. Même dans un quinze mètres carrés, on fait tout pour avoir l'impression d'être dans un loft. Mon rôle est d'optimiser les volumes et les circulations pour aller dans ce sens.

Comment les industriels s'adaptent-ils aux désirs des ménagères ?

L'intérieur de nos espaces, jadis encombré, s'est libéré de toutes ses fioritures (petits bois, moulures, stucs) et permet donc un entretien plus facile et paradoxalement plus exigeant, puisque les lignes épurées appellent la perfection. Idem pour les baies vitrées, plus faciles à nettoyer, mais qui ne laissent rien passer. Les designers réfléchissent entre autres à la problématique d'entretien des objets ou du mobilier qu'ils conçoivent. C'est ainsi que les nouveaux pieds de tables de cuisine, longtemps cachés par des bandeaux, ont été rendus apparents pour permettre de passer le balai.

Les matériaux actuels sont-ils plus faciles à nettoyer ?

Issus de l'industrie et de la recherche technologique, les panneaux mélaminés stratifiés, résines, nouveaux produits verriers et matériaux composites type Corian sont généralement extrêmement performants en termes d'entretien et de durabilité. Certains d'entre eux offrent des qualités anti-bactériennes ou sont auto-nettoyants. En revanche, les matériaux très naturels qui surfent sur la vague du bio et du développement durable (essences de bois, fibres, pierres, cuir, lainages bouillis [feutrine], matériaux recyclés) nécessitent plus de soins.

2

REPARTIR À NEUF

— Tu commences par quoi ?
— La salle de bains.
— Toujours ?
— D'abord la salle de bains, puis la chambre. Je passe l'aspirateur par terre.
— Tu essuies la poussière ?
— Tous les jours.
— Il y a encore de la poussière, après un jour à peine ?
— On peut tout juste la voir. Au soleil seulement.

Femme de chambre,
Markus Orths

ASSEZ ! Que celui ou celle qui ne s'est jamais réveillé(e) un jour excédé(e) par une maison en pagaille lève le doigt.

Assez ! de cette montagne de linge à repasser.

Assez ! de cette fine couche de poussière sur la table basse du salon.

Assez ! de ces vitres où perlent de vieilles larmes de pluie.

Soudain, désordre et saleté sautent aux yeux comme de vilains points noirs au milieu d'une joue. Le besoin de propreté reprend le dessus… et notre moral file vers le septième ciel. L'aviez-vous remarqué ? Il y a une sorte d'alchimie secrète entre l'état de notre maison et notre humeur intérieure. Se mettre au ménage correspond à une série d'équations pratiques et d'états d'âme tendant vers le même but. Alors que pendant des jours, vous aviez supporté les petites traces de la vie, le vieux *Cosmopolitan* qu'on laisse traîner dans les WC, le T-shirt à moitié porté sur la chaise de la chambre, soudain tout doit impérativement être jeté, trié, rangé, briqué. Bref redevenir impeccable, comme dans un magazine déco.

Le ménage, une façon de remettre les compteurs à zéro ?

« C'est curieux, ça me prend comme une envie soudaine », déclare Justine. « Mes tabourets en plexiglass transparents sont de véritables nids à poussière. Eh bien, je peux rester dix jours sans que ça me gêne. Et d'un seul coup, je vais les nettoyer. »

Lors d'une randonnée en Auvergne, Justine a fait la connaissance d'Isabelle, qu'elle rejoint chaque été sur la côte basque. L'an dernier, pendant que son surfeur de mari affrontait les rouleaux de Bidart, son amie lui a confié sur sa terrasse que, pour elle aussi, le ménage était un mystère : « Pourquoi me mettre à laver les sols plutôt que lire un livre ou corriger mes copies ? »

Multiples sont les raisons de faire place nette partout.

Il y a la nécessité de se « recomposer ».

Après une longue nuit intime avec son petit ami, Nadia éprouve irrésistiblement le besoin de tout remettre en ordre.

Le sentiment d'être sale si la maison n'est pas lavée. Comme le dit Anne, « Je suis propre sur moi quand ma maison est propre. Je me sens plus claire avec moi-même, plus saine. »

La grande différence avec les autres activités, c'est que le ménage donne une espèce de souffle, de durée, de bénéfice dans lequel on peut puiser son équilibre, voire son succès, plusieurs jours durant. Contrairement à ce qu'on pourrait croire, cette impulsion concerne toutes les générations, des mamies en souliers plats aux ados en talons compensés jusqu'à ces messieurs, parfois stressés ou en panne d'activités, en quête de nouvelles sensations…

Nos sentiments et nos attitudes sont parfois décortiqués dans leurs moindres détails et, depuis une dizaine d'années, certains experts sont fascinés par les tâches ménagères, relayés par les émissions télévisées. On apprend ainsi que ce qu'on considère comme un « automatisme » cache des causes liées au vécu intime de chacun.

Des images reviennent en mémoire. Le canapé rouge à grosses fleurs qui appelait le soleil dans un coin du living de notre enfance. On le retrouve, vingt ans plus tard, comme par hasard, dans le sofa rouge éclatant de notre salon acheté pour notre anniversaire de mariage.

Des objets chargés de sens et de souvenirs : l'armoire à apéritifs en marqueterie héritée de grand-mère n'a jamais supporté la moindre poussière.

Des gestes rappellent les vertes années. Retrouver l'éponge que coinçait soigneusement sous son évier mamie Marguerite. Et voilà la madeleine de Proust repartie chez Spontex !

Très souvent, cette idée selon laquelle les choses sont très ancrées en nous explique telle ou telle exigence dans le ménage.

L'ordre se révèle primordial pour le regard.

Ainsi, l'une ne supportera pas de voir le moindre faux pli sur le lit. L'autre, le petit éléphant ramené d'Inde de travers en bas de l'étagère. La troisième, la cuillère à entremets trop vite rangée avec les cuillères à soupe. Et ainsi de suite. Les choses qui clochent sont aussi fréquentes qu'il y a de maisons… et de « maîtresses de maison ».

Pour les psychologues, il n'est pas toujours évident de contrôler ces impulsions dont nous sommes animé(e)s. Le sentiment que l'on éprouve à faire le ménage peut réactiver de bons ou de mauvais souvenirs… Mais gardons Freud et ses théories pour plus tard et revenons à la poussière, champ de bataille de la plupart d'entre nous. Celle repoussée à la va-vite sous le tapis, comme dit le dicton, n'aurait plus aucun succès aujourd'hui. « Les femmes exigent une propreté maximum », affirment les professionnels du secteur rencontrés au cours de nos entretiens. Couples ou *singles*, divorcé(e)s ou jeunes fiancé(e)s, l'opinion est la même. Pauline : « J'aime bien que tout soit impeccable, que ça sente bon, les coussins bien repassés sur les divans, les chaises bien mises, les meubles bien organisés. C'est important. » Stéphane : « Même sans petite amie, la vie me serait insupportable si je ne retrouvais pas chaque soir une maison sans la moindre poussière. J'ai vécu avec un copine style hippie, cela m'a guéri pour le reste de mes jours. »

Laver, brosser, plonger les mains dans l'eau tiède sont des gestes qui ont un effet à coup sûr. Et qui rassurent... Ce qui est certain c'est que ce désir de faire « place nette » nous taraude à un moment ou à un autre, de façon plus ou moins insidieuse.

« Par où je commence ? », telle est la question que se posent quotidiennement des milliers d'entre nous. La cuisine, la chambre des enfants, la poussière sur la table basse, la litière du chat, éternels terrains de chasse de la lingette active !

Il y a autant de façons d'attaquer son ménage que d'individus. Pour manier le balai, chacun a sa technique et la liste est longue. Pour vous donner une idée, allons voir ce qui se passe dans un grand immeuble parisien.

Au premier étage, Samantha suit le rituel des mamans : « Ma journée commence en général à six heures trente. Je prépare le petit déjeuner, je m'habille, je me maquille. Ensuite, je réveille les enfants. Je les emmène à l'école et, quand je reviens, je passe mon jogging et je fais mon petit ménage. D'abord les lits, puis la vaisselle du matin. » Pendant qu'elle s'active à ranger ses bols, Léa, la comédienne du rez-de-chaussée, saute du lit et se dirige vers le placard. Son but ? Effacer toutes les traces de ses deux chats qui entrent et sortent en permanence la nuit dans le jardin : « L'aspirateur, explique-t-elle, c'est tous les matins, et après un coup de serpillière à l'eau et au savon, j'ajoute un zest de Monsieur Propre au citron. » Émilie, une jeune femme aux allures de Julianne Moore, vient d'emménager au cinquième. Pacsée depuis peu, elle a du mal à freiner l'ardeur suscitée par son nouveau cocon.

Sitôt son café pris, en pyjama (qui part directement plus tard à la machine) et chaussons, cheveux attachés, elle aère et met de bonnes odeurs. Elle aime avoir cette impression de frais, d'air pur qui lui rappelle son enfance.

Comment Anaïs, dans sa chambre au sixième étage, engage-t-elle cette nouvelle journée ? Comme bien des étudiants, la jeune provinciale a une sorte de prédilection pour les lingettes Swiffer super dépoussiérantes et ne laisse jamais traîner la moindre miette. Fière de son nouvel aspi au look de navette de cosmonaute, payé presque aussi cher que son ordi, de son ramasse-miettes professionnel à double brosse, elle nous confie que déjà toute petite sa maman lui offrait pour Noël des mini kitchenettes plus vraies que nature.

Mais redescendons au second. On dit que les personnes âgées aiment se réfugier dans les souvenirs. C'est le cas d'Émilie, qui occupe seule tout l'étage depuis quarante ans. Son scénario ? Toujours le même. Avant le petit déjeuner, sa grand-mère enfilait ses chaussons en laine et faisait resplendir la table avec un chiffon en flanelle. Elle n'a rien changé de cette habitude.

Juste au-dessus, Mathilde fait souvent du bruit très tôt. Combien de fois, avant un briefing délicat pour son entreprise, cette adjointe d'un designer à la mode a préféré se lever aux aurores pour faire briller son évier rond, comme un soleil, avec un peu de vinaigre blanc. Mais que se passe-t-il dans l'escalier ? Quand il est en forme, Monsieur Ernesto, plutôt que d'arroser les plantes, se lance dans un nettoyage complet des marches à l'aide d'une paille de fer.

Au quatrième, ce silence signifie sans doute l'arrivée imminente d'une femme de ménage...

Dernière locataire rencontrée, Vanessa raconte : « Quand pour moi sonne l'heure de la lingette, je m'en prends à des choses très précises : nettoyage complet des bibliothèques ou du réfrigérateur, lit refait à l'ancienne, au carré, avec paire de draps en lin parfaitement repassés, recouverts ensuite d'une couette assortie. Histoire de me mettre en forme pour la suite. »

Certaines personnes envisagent leur intervention avec froideur et distance. Lundi : nettoyage complet des vitres, mercredi : l'argenterie... Mais que peut-on trouver d'amusant dans le ménage sans le côté spontané, la totale liberté auquel il invite ?

Françoise, une amie de Vanessa, assurait ne jamais se laisser aller à ses impulsions : « Par où je commence ? Impossible de le dire. » Puis, après un petit temps de réflexion : « Je fais mon ménage au fur et à mesure. Ma doctrine est de ne jamais remettre au lendemain. Impossible de quitter la maison en me disant : oh mince, j'ai encore la vaisselle à faire ! » « Rien ne sert de courir, il faut partir à point », disait déjà La Fontaine.

Il y a toujours celles qui attendront d'avoir égaré leurs lunettes ou leur bague pour s'y lancer à corps perdu ! Ou que des invités arrivent à l'improviste. Ou qui préféreront garder la tête sous l'oreiller, voire s'absenter quelque temps.

Faire et refaire. Briquer et (re)briquer expriment sans doute un désir de perfection. Peut-être une éternelle insatisfaction. Ou encore un plaisir face à la compétition de la vie du dehors. Une chose indiscutable : c'est que la (ou le) solitaire dans sa maison n'a qu'un(e) concurrent(e) : soi-même. Pas de juge à craindre, pas de témoin gênant. Chacun est face à un défi personnel. Comme l'artiste devant sa toile, rendre beau ce qui est banal, telle est l'ambition et sans doute la raison de vouloir garder pour soi son petit ménage. Sans avoir honte. Car faire « place nette » est devenu un rituel citoyen, reconnu, qui participe même à la sauvegarde de la planète. « Faites le ménage sur la plage », « Triez vos déchets ! », proclament les affiches des pouvoirs publics. Raison de plus pour le vivre comme un agréable passe-temps ; mieux, une nouvelle philosophie de vie.

Comment ne pas se laisser envahir par la routine

Les conseils qui fleurissent sur Internet et dans les magazines sont nombreux. Le choix est vaste ! Avant de vous lancer, « prenez le temps de réfléchir », disent les uns. « Munissez-vous d'un calepin, notez tout ce que vous avez à faire dans la semaine », précisent les autres. Prenez « la route de la routine » et ce sera tellement plus simple !

Voir ces tâches ainsi étalées sur le papier n'est-il pas une façon de tuer à jamais votre envie ? Voici une *checklist* de ce que les experts considèrent comme nécessaire avant d'atteindre le nirvana : « Le matin. Faire les lits (penser à changer les housses le lundi). Lancer une machine. Préparer le petit déjeuner. Mettre la table. Faire la vaisselle. Actionner, si besoin est, le lave-vaisselle. Nettoyer rapidement la cuisine. Laver la salle de bains. Sortir le linge du lave-linge ; le mettre dans le sèche-linge. Vider les poubelles dans celle de la cuisine. La descendre (remettre un nouveau sac dans la poubelle)… »

Un gain de temps donc. Mais est-ce que le plaisir y trouve son compte ?

Trop d'ardeur tue l'ardeur, c'est bien connu. Mieux vaut donc laisser venir l'envie, comme le préconisent certaines femmes. Avec des variantes selon le jour et le moment.

Voici quelques pistes à creuser. Pourquoi pas vous lever de bonne humeur et commencer par un café bien chaud, si possible en galante compagnie ? Laissez les choses lentement se décanter. Ne vaut-il pas mieux partager un peu de désordre et être bien dans sa tête pour retrouver son désir d'accomplir les petites corvées ?

Mais nous savons bien qu'il y a parmi nous des accros du moral mou, des défaitistes qui vont flipper face au désordre ambiant. Qu'à cela ne tienne, on choisit les grands moyens. Si en lisant ces lignes vous jetez autour de vous un regard désespéré, ne vous laissez pas impressionner. Choisissez un jour de congé prochain, si possible ensoleillé, pour tout faire à fond. Impliquez, pourquoi pas, votre conjoint, vos enfants, deux ou trois bonnes copines et lancez-vous : une pièce à la fois, pour être sûre d'arriver au bout dans la journée. Car le but n'est pas de faire la grimace le soir dans un chantier à moitié fini.

3

SE RESSOURCER

En ce début du XXIe siècle, la force intérieure est le bien le plus précieux entre tous. Un vrai gisement à cultiver. Des gestes aussi anodins que laver les assiettes avec des gants trop larges en s'attardant, sentir le va-et-vient de la paille de fer sous le pied, placer les mêmes piles de linge pliées dans le sens de l'ouverture du placard apparaissent comme autant de moyens de se « muscler l'âme ».

Dans le milieu rural, on a compris depuis bien longtemps que les corvées ordinaires avaient leurs bons côtés. C'est une activité à laquelle on s'accroche, surtout durant la saison froide où l'on se sent plus seul(e). Les témoignages de Monique et Marcel, deux célibataires, sexagénaires, qui habitent à quelques kilomètres l'un de l'autre, sont révélateurs. Ils refusent de se faire aider. Pour elle, le ménage est un plaisir et une façon de rester autonome le plus longtemps possible ; pour lui, de vaincre la solitude.

Veuve depuis une quinzaine d'années, Monique est une femme indépendante. Brune, un peu ronde, toujours souriante, encore jolie avec ses pommettes hautes et son nez retroussé. Elle vit seule avec ses trois chiens qu'elle adore, dit-elle, « comme [ses] enfants ». Loin des agressions, dont les rumeurs se font parfois l'écho jusqu'au fin fond des campagnes, Monique a délibérément choisi d'apprécier la vie à son rythme. Elle considère comme une petite fête l'entretien de la maison.

« Souvent, la nuit je me dis : demain, je vais faire la salle de bains. » Le lendemain matin, elle prend son petit déjeuner, donne à manger aux chiens, va faire sa toilette. « Et je pulvérise un petit pschitt de parfum. Et puis voilà ! Ensuite, je prends l'aspi et je suis partie pour faire toutes les pièces deux heures de suite. » Observant un silence comme si elle allait me confier un secret : « Vous allez voir, chez Marcel c'est plus propre que chez moi ! Faut pas croire, il y a des hommes qui nous en remontrent ! »

Je décide de la prendre au mot et de vérifier cette affirmation sans délai.

Chez Marcel, en effet, rien ne semble laissé au hasard. Ce charmant monsieur, tout en m'offrant un petit cassis, m'explique que l'ordre et la propreté ne sont pas l'apanage des femmes. S'il lui arrive d'oublier un peu la vaisselle, il ferme toujours la porte au cas où quelqu'un passerait lui rendre visite. « Que voulez-vous, ça occupe de faire le ménage, les journées semblent moins longues. Autrement, qu'est-ce qu'on ferait ? » Je lui demande s'il a une façon de procéder particulière pour cette tâche, pas très évidente vu son âge. Il répond avec un large sourire, les yeux pétillants de malice : « Je m'y mets d'un coup par impulsion et sur plusieurs jours, tous les matins. Je reste en robe de chambre car j'ai horreur de le faire habillé. » Met-il en pratique le dicton selon lequel « on ne peut oublier le temps qu'en s'en servant » ?

Marcel n'est pas le seul homme à apprécier ouvertement son ménage. Il suit en cela les protagonistes de *Trois hommes et un couffin*, qui avaient osé s'émerveiller à la vue d'un nouveau-né il y a quelques années. Nombre de nos compagnons revendiquent aujourd'hui le droit de faire la vaisselle. Loin des idées reçues, certains hommes n'ont en effet plus honte d'afficher leur volonté de nous disputer ce terrain. Ils se mettent à parler sans peur du ridicule des bienfaits que leur procure cette activité. « C'est sympa d'assurer un peu l'entretien », confie Louis. Ce jeune journaliste à RMC, marié, père de deux filles, est souvent présent à la maison le matin du fait de ses horaires décalés. Ravi à l'idée de déjeuner avec ses filles, il va faire les courses. « Parfois je prévois un petit rôti la veille. » Puis c'est le tour des machines. Louis étale le linge, passe le balai, l'aspi et ne se plaint pas : « Comme nous habitons un rez-de-jardin, il y a pas mal de poussière, des feuilles qui entrent, sans compter les poils du chat. Je le fais par bon sens, comme une évidence. » Louis explique qu'il n'agit jamais de façon précipitée. Il prend son temps pour ranger de façon cohérente la vaisselle dans la machine, repasser ou laver la salle de bains. « Ça me permet de me détendre. » Il considère le ménage comme une activité manuelle proche du bricolage, qui lui fait travailler les mains et met son cerveau dans un état « diesel ». Par rapport à son travail, où son cerveau est en questionnement, où il importe de faire des choix, ces activités sont « assez inoffensives », selon lui.

Aucune raison de morale quand Hubert, son cousin, « partage les tâches » avec son épouse, mais bien une question de moral. Quand il rentre à la maison le soir, il est hors de question pour lui de se mettre devant un écran. Les choses concrètes lui font du bien. « Lancer les machines, les vider, ranger les couverts, plier les habits. Je trouve ça plutôt détendant. » Si son épouse est absente, il commence à préparer une recette avec grand plaisir afin de délecter sa petite famille.

Mais qu'en pensent les jeunes femmes d'aujourd'hui, qui demeurent les premières concernées ? Juliette me reçoit en short, débardeur, cheveux attachés, bandeau et me déclare, sans la moindre réticence féministe : « Plus j'en fais et plus j'aime ! » Le menu de cette jeune ménagère heureuse et fière de l'être ? « Ranger, faire propre me vide la tête car c'est une activité mécanique qui ne demande pas de réfléchir. Ça détend. Et puis, quelle satisfaction après ! »

Le tube d'Hortense a fait ses émules. Il y a une dizaine d'années, les radios diffusaient trois fois par jour ce refrain pour le plus grand bonheur d'une certaine jeunesse qui en avait fait un hymne :

Laisse-moi faire ta vaisselle
Laisse-moi sortir tes poubelles
Laisse-moi faire ton ménage
Laisse-moi rincer tes lainages
Je veux faire une lessive, détendue et lascive.

Des préceptes de cet ordre sont désormais l'objet de vastes débats entre les nostalgiques et les dernières féministes acharnées.

L'entretien de la maison devient un véritable mode de vie. Autrement dit, atteindre le zen par le ménage s'avère une réalité.

Lila, indienne, qui vit en France depuis une vingtaine d'années, se souvient : « Ma mère voulait déménager. On avait de l'argent mais mon père lui répondait : "Cette maison nous a donné beaucoup de bonheur, elle est bien ensoleillée, ça ne suffit pas" ? » Cette manière de voir, elle l'a assimilée dans son corps. Quand elle travaille, elle élimine de sa vue tout ce qui encombre l'espace avant de pratiquer la méditation générale du soir, qui nécessite un espace vierge de tout objet. Mon interlocutrice explique que c'est une coutume héritée de ses ancêtres destinée à vider sa tête progressivement avant d'engager un dialogue avec l'au-delà. Une demi-heure après, Lila se trouve la conscience en repos et elle a l'impression de dominer le sujet, prête à toutes les tâches qui s'annoncent.

Autre continent, autres mœurs. Cap sur les Antilles. Arrivée toute seule de Port-au-Prince (Haïti) à l'âge de seize ans, Colette vit seule avec son enfant : « Chez nous, même dans une maison en paille, on est toujours prêt à recevoir un invité. De toute façon, jamais un Haïtien ne boirait dans un verre qui n'est pas résolument propre. » Dans son pays, le balai n'est pas seulement un moyen de lutter contre les épidémies ou les insectes. Sa grand-mère lui a ainsi enseigné le ménage : « Je veux que tu aies les armes si un jour tu dois t'en sortir seule dans la vie. » C'est chose faite et, pour Colette, cette phrase résonne comme une vraie preuve d'amour à laquelle elle s'accroche tous les jours quand elle range ses affaires dans un ordre bien défini. Selon elle, c'est grâce à ces valeurs qu'elle ne se trouve pas à la merci de n'importe quel joli cœur.

Dans le même esprit, et pas seulement pour des raisons écolo, beaucoup d'entre nous décident de revenir aux produits de grand-maman. Nous résistons aux linéaires alléchants des grandes surfaces pour garder vaille que vaille la fétide serpillière et l'odeur âcre de la Javel – un million et demi de berlingots vendus par jour. (Rappelons que la célèbre potion du chimiste Claude-Louis Berthollet remonte à 1775.) Aussi n'est-ce certainement pas par hasard si la mère Denis, icône des années 1970, resurgit (sur vingt mètres de haut), au-dessus du périphérique parisien. Et quand il s'agit du « grand ménage de printemps », ce réflexe renvoie aussi aux souvenirs de l'éternel retour des saisons et des fêtes qui le célèbrent.

Les quatre basiques à avoir chez soi

Les Françaises sont des reines de consommation en produits ménagers efficaces et spécifiques, comme nous le verrons plus loin. Cependant, un grand nombre d'entre elles n'hésitent pas à revenir à ces basiques hérités de leurs grand-mères, écologie oblige.

Le savon noir. Il s'emploie dilué dans de l'eau, sans rinçage. Multi-usages, il sert aussi bien à laver les surfaces de la cuisine, de la salle de bains, que pour nettoyer les voitures ou laver les animaux. Certains l'utilisent aussi pour leurs lessives.

Le vinaigre blanc. C'est l'anti-calcaire idéal. On en fait couler dans le bac de la machine à laver le linge. On l'utilise pour détartrer la robinetterie aussi bien que le fer à repasser ou la cafetière. C'est également un excellent nettoyant pour les vitres et les miroirs. Dilué dans l'eau de rinçage, il fait briller les flûtes en cristal et redonne des couleurs aux lainages. On le vaporise aussi sur les surfaces qu'on fait ensuite briller avec un chiffon : tout est resplendissant, et ce pour quelques centimes d'euro !

Le savon de Marseille. Une grosse poignée de copeaux de savon de Marseille jetée directement dans le tambour avec le linge permet de réaliser des lessives impeccables, même quand il s'agit de textiles très sales ou tachés. Au résultat, le linge est plus doux qu'avec la plupart des lessives sur le marché.

Les huiles essentielles. Trois ou quatre gouttes diluées dans l'eau d'un vaporisateur permettent de parfumer la maison de façon naturelle et durable.

4

En avant mars !

Au printemps, le besoin de faire le ménage ne connaît plus de limites. En effet, le renouveau de la nature s'impose aussi dans les maisons. L'éveil progressif du monde extérieur agit directement sur notre esprit et le pousse à révolutionner notre intérieur. Par une belle journée d'avril, dans un petit square au cœur du vieux Lyon, deux copines, Célimène et Rose, évoquent pour nous ce grand moment. « Au premier soleil, tout me saute aux yeux : les vitres opaques maculées d'un fin rideau blanchâtre, les étagères croulantes sous la pression des livres et de la poussière, les affaires inutiles », explique la première. La suite ? Elle la compare au scénario de l'abeille qui vole de fleur en fleur pour aspirer le nectar. Le monde peut s'écrouler, pièce après pièce, sa maison (comme des millions d'autres) redeviendra comme neuve. « Mon premier réflexe est de couper le chauffage et d'ouvrir grand les fenêtres en créant des courants d'air, histoire de dépolluer la maison », confie-t-elle. C'est la guerre aux COV. Ces mystérieux « Composés Organiques Volatils », dangereux pour la santé, se sont évaporés pendant tout l'hiver des produits ménagers ou de la cuisson. Pas question d'en laisser planer un seul. Il fait encore un peu frisquet ? Mieux vaut un bon petit rhume qu'une maladie sévère à l'horizon.

Rose intervient à son tour. Avant d'attaquer sérieusement, il est important de liquider les affaires courantes. « Pas question d'avoir à refaire une machine ordinaire au milieu de mon grand ménage », lance-t-elle. Autrement dit, le linge sale pourra attendre quelque temps. La façon dont elle engage ensuite cet événement extraordinaire ? « Je commence par vider tout ce qui est dans la penderie de ma chambre. Je passe un chiffon avec un produit javellisé. Puis je remets les vêtements les uns après les autres, en les tapotant un peu et en faisant attention aux plis. » Les grandes boîtes de rangements transparentes sous le lit ne sont pas plus oubliées que chacune des étagères de la bibliothèque. « Ça coûte, mais quel plaisir ! » Les jours suivants, même scénario, « pièce après pièce », en s'efforçant de procéder de haut en bas pour éviter que la poussière ne se re-dépose.

Coupant court à ce long déroulé printanier, Célimène « met sur le tapis » un point qui lui est cher : le tri des affaires. Fière de sa stratégie, elle confie qu'il est hors de question pour elle de tout jeter arbitrairement. On se concerte en famille sur la destination des affaires « en trop » : don, œuvre de charité, vide-grenier, vente sur Internet. L'idée ? Se faire un peu d'argent de poche. « J'y mets même ma fille de cinq ans, Marion, sac poubelle en main, et je lui dis : “Si tu vends tes jouets, tu en auras de nouveaux.” » À ce propos, êtes-vous plutôt de la tribu tiroir ou bien de la tribu défouloir ? Avez-vous tendance à accumuler ou ne gardez-vous que l'essentiel ? Rose avoue qu'elle a un besoin vital de libérer son espace, qu'elle jette un maximum avec « une joie sauvage », même les cahiers de classe et sans que personne ne s'en aperçoive.

En dépit de leurs tempéraments différents, les deux jeunes femmes s'accordent sur un point : « À bureau bien ordonné, créativité décuplée. » Rose et Célimène sont des inconditionnelles convaincues du tri des dossiers, magazines, annuaires et ustensiles de papeterie indispensables de la vie courante. Les factures périmées vont au panier (petit rappel : au-delà de cinq ans pour EDF, de trois ans pour les impôts et d'un an pour le téléphone et le ramonage). Idem pour les médicaments inutilisés : direction la pharmacie. Une fois l'opération terminée, l'envoûtante valse des torchons peut commencer… C'est la charade de l'« assaut aux 3 D » : « dégraissage, dépoussiérage, détachage ». Mon premier se cache dans la hotte de la cuisine, au fond du four, derrière le frigo, sur les lustres, les murs laqués. Mon second aspire jusque dans les fauteuils rembourrés ou les canapés avec l'embout approprié, puis fait une à une les raies du parquet avant d'y mettre un coup d'insecticide. Il va jusqu'au fond des tiroirs, des placards. Il n'oublie pas le gros électroménager qui, lui aussi, a besoin « d'y passer » après une année d'activité. Mon troisième ? C'est le gros cercle blanc aperçu maintes fois sans y croire sur la table en bois. Une goutte d'eau minérale, un léger coup de paille de fer, une fine couche de cire d'abeille et le tour sera joué. Une trace d'humidité sur le papier peint de la salle de bains ? C'est le moment de sortir le bicarbonate de soude.

Mais ce n'est pas fini. Au printemps, le désir de perfection ne connaît plus de limite. Que fait ce grand carton vert pomme planté dans un coin du living ? Il contiendra les objets épargnés par le tri (vases, déco en verre), une fois passés au lave-vaisselle. À la cuisine, l'intrépide éponge et son produit adapté va, une fois n'est pas coutume, jusqu'au fond du four et à l'arrière du réfrigérateur. On n'oublie pas non plus, bien entendu, d'ôter le calcaire du pommeau de douche et des conduites d'eau en les faisant tremper dans du vinaigre, ni de purifier les évacuations en y faisant couler une bouteille de Javel.

Comme des milliers d'autres, les deux femmes gardent les vitres, les écrans plats et les miroirs en touche finale :

Célimène : « C'est ce qui fait le plus d'effet. »

Rose : « J'attends que le temps soit un peu gris. Pour éviter que les gouttes de pluie y perlent à nouveau, je passe un peu d'alcool à brûler avec un papier journal et elles glissent. »

Une chose est sûre : après, on se sent mieux pour un bout de temps. « Comme rajeunie de dix ans ! », assure Célimène, qui dit perdre beaucoup plus facilement du poids une fois son grand assainissement achevé. Rose, sereine, prend enfin le temps de contempler le ciel lyonnais. Y aviez-vous pensé ? Le « grand ménage » participe aussi d'un sens sacré souvent caché.

Ainsi soit-il

En étudiant de près les textes chrétiens, juifs, orthodoxes ou musulmans, on s'aperçoit que cette volonté de purifier la maison précède les grandes fêtes religieuses.

Les adeptes de la religion chrétienne sonnent depuis des siècles « les cloches du ménage » quelques semaines avant Pâques. Avant la célébration de la résurrection du Christ, les maisons sont nettoyées de fond en comble. Une fois lavées, purifiées, elles sont protégées par le buis béni à l'église. Ce rituel est encore très vivant, même dans les grandes villes et dans certaines régions. En Alsace, par exemple, cette coutume prend des couleurs de mobilisation régionale et l'arrivée du printemps donne lieu dans chaque village à une grande journée de nettoyage appelée l'« Oschterputz ». Ensemble, on range, on vide, on débarrasse, on aère la maison, et on s'émerveille aussi de la beauté de la Nature. On cueille les herbes et on prépare le (fameux) plat de légumes verts du Jeudi, le gründunnerschda. L'agneau s'invite alors tout naturellement à table.

Dans les familles israélites, le grand ménage précède de quelques semaines la fête de Pessa'h, la Pâque juive. « La maison », dit la Torah, « doit être vidée de tout levain (hametz) ». Ainsi ne doit-il rester aucune trace de miette ou de farine. Ce cérémonial très important marque l'appartenance à la communauté juive et commémore la fameuse nuit où les Hébreux, au XIIIe siècle av. J.-C. se libérèrent de l'esclavage en quittant précipitamment l'Égypte sans avoir eu le temps de faire lever leur pain. Ce qui se passe concrètement ? Viki explique : « Dans la pratique, les femmes juives ont pris l'habitude d'enlever tout ce qui est fermenté (pâtes, riz, légumineux) et elles en profitent pour faire un ménage complet de la maison. Elles vident les armoires, retournent les poches des vêtements, plongent les ustensiles de cuisine dans l'eau bouillante, lavent les rideaux. » Les Sépharades d'Afrique du Nord en profitent même pour refaire chauler leurs peintures.

Les Juifs n'ont pas le monopole de la propreté printanière. Chez les chrétiens orthodoxes, la remise à neuf de la maison doit être parfaite. Elle a lieu dans la semaine précédant la Pâque (à une date différente de celle des catholiques). Les femmes roumaines, par exemple, n'en finissent pas de balayer leur maison et leur cour pendant la Grande Semaine. Une fois la maison impeccable, elles préparent un menu typique. Mikael Frugoli, originaire de Lettonie, évoque ainsi sur Internet le travail énorme de sa mère et de sa grand-mère à l'approche de Pâques : « La maison était vidée de ses meubles, et pas un coin n'échappait à l'eau, à la lessive, au savon. Les murs extérieurs étaient lessivés et repeints, les vieux vêtements jetés ou brûlés. Pendant ce temps, les hommes allaient choisir et acheter l'agneau. » En Russie, Pâques est aussi la fête des morts. Dans les cimetières de certains villages, les Russes enlèvent les feuilles mortes, plantent de nouvelles fleurs.

Si elles ne fêtent pas Pâques, les femmes musulmanes n'échappent pas au grand ménage pour autant. À la fin du ramadan, elles nettoient les maisons à fond en vue de la Petite Fête, l'Aid-al-Saghir. Un pratiquant explique : « Notre communauté reçoit beaucoup, et comme les familles sont très nombreuses, il faut entièrement vider la maison, enlever la poussière, faire briller les grands plateaux cuivrés, sortir les tapis pour que tout le monde puisse s'asseoir. » Heureusement, chacun amène son plat !

Les pays asiatiques obéissent aussi à cette vaste mobilisation.

Norouz, le nouvel an iranien, est célébré le premier jour du printemps. Dès *Esfand*, dernier mois d'hiver dans le calendrier persan, les Iraniennes passent au grand nettoyage. Traditionnellement, tout le monde s'achète au moins une garde-robe neuve que l'on inaugure le jour du nouvel an. Commencent alors les réjouissances : on se rend visite, en famille ou entre amis. Les maisons sont fleuries de jacinthes et de tulipes, les fleurs populaires nationales.

Continuons notre voyage vers l'Est.

En Chine, les démons, responsables des malheurs de l'année, sont censés se cacher dans la poussière ! De Shangaï à Pékin, avant le nouvel an chinois (à la première pleine lune entre le 21 janvier et le 20 février) tout le monde agite des branches de bambous dans les maisons, histoire d'éloigner les mauvais esprits – les plus paresseux se contentent quant à eux d'une brindille accrochée à l'aspi. Le soir du nouvel an, il est important qu'avant l'arrivée de la nuit, la famille entière aille faire une promenade, histoire d'éloigner définitivement le mauvais sort. Une fois l'an franchi, à minuit, on retrouve sa maison éclatante, portes et fenêtres étant restées ouvertes afin de laisser entrer le bonheur. Interdiction de balayer sous peine de le voir s'échapper.

Au Japon, où tout est sacré, les croyances shintoïstes se confondent avec le conformisme social. Les derniers jours de décembre, chacun fait son Osoji, grand ménage de fin d'année, avec une minutie extrême. C'est le moment de secouer les tatamis, de bouger les meubles, de passer l'aspi dans les recoins, ce qui n'est pas forcément évident toute l'année tant les maisons sont exiguës. On en donne « un grand coup », souvent en famille et masques sur le nez. Beaucoup de femmes portent d'ailleurs le kimono pour l'occasion.

Ces quelques exemples montrent qu'un peu partout dans le monde, le « grand ménage » est étroitement lié à l'ambiance joyeuse des fêtes qui lui succèdent. Faire place nette participe aux retrouvailles entre amis, entre voisins, en famille. C'est une façon aussi de pardonner, d'oublier les rancœurs de l'année et parfois même les dettes. En Chine, il arrive même que certains tribunaux « passent l'éponge » sur les petits délits. Ce rite serait-il indémodable en dépit des progrès technologiques et des bouleversements de l'Histoire ? En tous cas le grand ménage inclut une réalité qui dépasse le quotidien.

Et chez nous, en France, république laïque ? Au moment où le lien social fait question chez la plupart des citoyens, cette activité réinstalle une sorte de communauté entre les individus indépendamment de leurs croyances ou convictions.

Et il n'est pas rare que, à l'exemple de nos grand-mères qui se retrouvaient au lavoir, une sorte d'empathie se réinstalle entre inconnus dans les laveries. Les idées écologistes ne sont sans doute pas pour rien dans cette course à la vérité des espaces habités.

5

À LA RECHERCHE DU CORPS PERDU

« Une âme guerrière est maîtresse du corps qu'elle anime. »

Bossuet

Faire son lit, laver le sol, passer l'aspirateur… Ça passe par le corps ! Avec un brin de volonté, cela peut devenir une façon d'être bien dans sa peau. « Comment transformer la corvée inévitable du ménage en alliée minceur ? », « Faites de votre balai votre meilleur ami », titrent les magazines féminins… Après tout, pourquoi ne pas sérieusement considérer le ménage comme une façon de retrouver sinon une belle silhouette, en tout cas une bonne condition physique, surtout quand on n'a pas trop le temps d'aller dans un club de gym ?

Médecins et psychothérapeutes sont formels. Mettre son corps en mouvement est la meilleure façon de lutter contre la sédentarité et tout ce qu'elle engendre comme stress, surpoids et autres maladies cardio-vasculaires. C'est excellent aussi pour le cerveau. Selon les principes du kinésithérapeute Paul Dennison, inventeur du « Brain Gym », bouger, frotter, porter la lessive, repasser, permettrait même de rétablir les connexions, de débloquer les crispations, de stimuler la latéralité, d'améliorer l'équilibre. Résultat garanti : une plus grande harmonie entre contenu émotionnel et pensée abstraite.

Mais on ne peut pas optimiser son ménage d'un coup, sans certaines conditions préalables. Tout d'abord, il faut se mettre en tête qu'on va bel et bien pratiquer un sport. En effet, une étude sur des femmes de ménage travaillant dans des hôtels de Boston démontre que le fait d'en avoir conscience est déterminant dans la perte de poids, la réduction de la masse graisseuse et de la tension artérielle[1]. Autrement dit, il faut se persuader que le simple épluchage de quelques légumes pour faire la soupe brûle deux cent quatre-vingts calories par heure, tout comme la vaisselle. Que l'aspi ou le balai consomment quatre cents calories par heure. Que trois heures de ménage intensif équivalent à trois kilomètres de jogging, comme le démontrent certains tests. Sinon, point de salut. Celles qui passeraient la serpillière sans s'être persuadées de leur « consommation d'énergie » n'ont aucune chance de perdre le moindre gramme.

Autre condition importante : l'aération de la maison au minimum dix minutes chaque matin. Inenvisageable en effet de bénéficier

1. Crum A. J., Langer E. J., « Mind-Set Matters : Exercice and the Placebo Effect », *Psychological Science*, 2007.

des bienfaits du ménage au milieu de particules néfastes. Mieux vaut aussi éviter d'utiliser des nettoyants agressifs pour les poumons.

Comment faire ensuite pour optimiser ? Nombreux sont ceux et celles qui échangent leurs recettes à ce sujet. Julien raconte que, suite à un accident de moto, il ne pouvait plus pratiquer de sport en salle. Il a donc été contraint d'imaginer d'autres méthodes pour bouger : « Je me suis mis à exagérer tous mes mouvements, et parfois à les multiplier par deux ou quatre. J'appelais ça du "maths ménage". » Son autre truc : un poids d'un kilo dans chaque poche, poursuivre l'effort, à l'aide d'un podomètre, au moins jusqu'à cinq cents pas dans la pièce en un temps donné.

Il s'agissait ici de réparer les dommages d'un accident. Il y a heureusement des motivations moins sérieuses. Le ménage peut, par exemple, être un moyen de s'entraîner avant d'aller aux sports d'hiver. C'est le cas de Tiphaine qui, dès le mois de septembre, s'astreint à ses deux heures quotidiennes dans son duplex grenoblois. Pas question de s'abandonner aux plaisirs des promenades le long du Rhône qui ont bercé son adolescence ! Le tire-fesse en moins, c'est presque aussi intense dans l'appartement que sur les pentes avec la poudreuse pour cette adepte du snowboard. Le corps entier est mobilisé. Tout y passe, les chevilles pour frotter le parquet en chêne massif à la paille de fer, les poignets pour faire briller l'argenterie, les épaules qui permettront aux vitres de retrouver leur éclat, les genoux pliés au maximum en faisant les lits. Sans aller jusqu'à s'imaginer aux skis dans un duplex, force est de constater que beaucoup d'entre nous refusent de se laisser aller aux délices trompeurs de la vie sédentaire moderne : les écrans constituent un dangereux mirage d'autant que le temps de travail a diminué avec la RTT, sur laquelle plus personne ne songe à revenir.

Qui dit mieux que « Pinimiou », rencontré sur Internet ? « Quand je fais mon ménage, je fais toute une série d'étirements, ça me permet de faire du sport. Je mets de la musique en rythme, le ménage va plus vite, c'est plus rigolo et ça dépense beaucoup plus de calories. » Peut-être Élodie sur son blog, qui explique comment s'y prendre pour garder un corps ferme : « Je fais mes vitres en montant et descendant sur la pointe des pieds, les bras tendus vers le ciel, le dos bien droit. Puis j'effectue de grands mouvements circulaires avec mon chiffon. » La suite est aussi calculée. Élodie nous confie qu'en lavant ses casseroles et ses plats à la main, elle contracte ses fessiers, relâche puis recommence, toutes les six secondes environ. Son autre secret ? Elle amplifie au maximum ses mouvements lorsqu'elle passe l'aspirateur en poussant les bras loin devant elle en s'étirant au maximum. Quand elle se baisse, elle plie également ses jambes de façon à bien faire travailler ses quadriceps.

Ça ne suffit pas ? N'hésitez pas à installer un coin gym chez vous, comme beaucoup de Français. Barres à fixer entre deux portes, vélo d'appartement, espalier, haltères, poids… Et dites-vous bien que « plus une activité a demandé d'efforts, plus elle procure de la satisfaction une fois expédiée », comme l'a remarqué le célèbre sociologue des tâches ménagères Jean-Claude Kaufmann.

Le plaisir retrouvé des sens

Si on peut se sculpter un corps de rêve grâce à son ménage, celui-ci est également une bonne façon d'exercer ses sens dans une société où ils sont assez souvent réduits à peu de chose. Là aussi, prenons conscience de ces petites satisfactions quotidiennes, insignifiantes penseront certains, mais bien là. « Moi, c'est d'abord le plaisir de sentir l'air pur dans mes narines quand j'ouvre la fenêtre », affirme Sylvie. Au-delà du son de votre musique préférée, n'entendez-vous pas le doux frottement de votre balai sur le sol ? Bien à l'abri dans son appartement à double vitrage, Lydia s'extasie aux « gloups » de son aspirateur qui, dit-elle, déglutit toutes sortes de « je ne sais quoi » oubliés ici et là : petites pièces de monnaie, billes, barrettes…

Les mains et les pieds aussi palpent sans répit : l'arrondi des assiettes dans l'eau tiède ou au travers du torchon, le bois du manche à balai, le contact chaud du parquet. Dans *La Maison de jade*, la romancière Madeleine Chapsal évoquait ainsi cette familiarité qui s'instaure avec les choses : « J'ai la faiblesse de mettre de l'amour dans mon rapport aux objets et aux ustensiles que je manie tous les jours ! Fussent-ils de l'espèce la plus ordinaire, passoire, égouttoir ! Ils sont habitués à ma main, moi à leur forme, leur toucher, leur contact. Même à leurs défauts, quand ils en ont… Ne plus les voir me ronge. »

L'œil a plaisir à redécouvrir au fur et à mesure le doré de l'étagère, l'éclat du portrait de grand-mère autant que l'émail étincelant du nouveau lavabo. Avec satisfaction, il scrute attentivement tout ce petit monde d'inconnus qui s'accumulent dans la pelle (menus cailloux, cheveux, fils, bouts de papier, jouets minuscules). Et quel plaisir de mesurer la pile de linge qui monte ou la moitié du sol qui brille déjà !

Pour mieux en profiter, Sylvia nous explique qu'elle évalue son ménage comme si elle faisait un tableau : « Je divise mon salon en trois ou quatre lignes égales en prenant les meubles comme repères. Je commence par le fond, et je travaille de gauche à droite, avec des mouvements de va-et-vient devant et envers moi. »

Elle évoque sa joie intense face au résultat final. « Quand tout est fini, je suis vraiment heureuse. Je fête ça par une bonne douche puis je m'écroule sur mon lit, satisfaite. Avant de me refaire une beauté. » D'autres compléteront agréablement leur affaire par quelques mouvements de yoga ou de relaxation. Ne pas oublier aussi : la musique est un excellent stimulant quand on a du mal à s'y mettre.

6

Place à la musique !

Parmi les « accros » du ménage, un grand nombre adore passer le balai au rythme de ses airs préférés. Dès lors, il nous apparaît utile, indispensable, de sélectionner quelques morceaux pour agrémenter vos petites corvées quel que soit votre job ou votre leur lieu de résidence. C'est devenu si facile ! Petits, ultralégers, radios, porte-CD et iPhones nous suivent d'une pièce à l'autre. Voilà de quoi oublier le vacarme des appareils et la fatigue des gestes. Si d'aventure l'une de vos amies est à la recherche d'une mélodie pour pratiquer ses vocalises ou reprendre un refrain à la mode, voici donc de quoi lui donner de l'entrain. Et faire swinguer toute la maisonnée au besoin.

Les toilettes ne brillent pas par leur propreté et cela fait quelques minutes que la tâche gigantesque à entreprendre vous accable ? Aucun souci. *Et v'lan passe-moi l'éponge*, glorieux tube de Fernand Raynaud des années 1950, réinstallé au hit-parade par Jacques Martin et son équipe du Petit Rapporteur, vous permettra de briquer la pièce en question sans ressentir la moindre contrariété.

Une maison de campagne, des amis venus célébrer l'achat d'une nouvelle tondeuse à gazon ? Résultat : l'évier déborde de plats et de couverts, surtout que le gratin dauphinois est votre spécialité. De quoi anéantir la randonnée en forêt avec la bande en question ! Une petite chanson du terroir comme « Vaisselle cassée c'est la fessée, Vaisselle foutue, pan pan cul cul » de Pierre Perret résout non seulement le problème du gruyère qui attache sur la porcelaine, mais vous permet en plus de manifester vos convictions sur le débat qui agite la société française, à savoir : Comment sévir auprès des chérubins récalcitrants ?

Si votre lavabo, hélas, négligé par des amis de passage, grouille de cheveux ou de traces de dentifrice, la solution est simple : saisissez le petit canard en plastique de votre bébé et offrez-lui un doux voyage en eaux troubles en chantant « Ah c'qu'on est bien quand on est dans son bain ! On fait des grosses bulles, on joue au sous-marin » d'Henri Salvador. L'animal ressortira en cygne majestueux dans un lavabo immaculé où vous vous regarderez comme Narcisse. Vous êtes plutôt mélomane et refusez les flon-flons distribués par les radios contemporaines ? Pergolèse a pensé à vous avec sa *Serva Padrona*, qui ne dure pas plus que le passage d'une serpillière dans une cuisine à l'américaine. Le refrain « Non, non, non, non » est idéal pour repousser la frontière au-delà de laquelle la saleté quitte votre domicile. D'autant que l'histoire sentimentale peut donner des idées aux célibataires désireuses de trouver un conjoint…

Le grand ménage d'Adèle, chanté à tue-tête, de préférence en groupe, possède un refrain à même de réveiller les énergies les plus éprouvées : « Chez moi, c'est l'apocalypse, / Et le capharnaüm, / Moi, j'veux des kiss sur mes lips… »

Vous êtes esseulée après une rupture ? Vous broyez du noir en regardant les vitres sales ? Jetez-vous sur votre balai au rythme de l'hymne de notre regretté Clo-Clo, *Ça s'en va et ça revient.*

Cette liste qui en sauvera plus d'un(e) de la détresse, c'est notre souhait, ne serait pas complète sans une pensée pour les adeptes des médias modernes. Le casque avec la chansonnette dedans, c'est bien. Mais le DVD existe et l'écran plat aussi ! Alors, sans hésiter, la ménagère adepte de technologie ira chercher le clip le plus fameux de toute l'histoire des rockeuses au balai. Elle deviendra elle aussi la « Queen » en écoutant le groupe du même nom interpréter *I want to break free.* Cet hommage met en scène un Freddie Mercury déjanté comme jamais, bigoudi, minijupe et œil de velours, passant l'aspirateur au milieu de ses amis lascifs, « perruqués », complices, dans une atmosphère d'orgie romaine. Plumeaux, lavettes, éponges, tout est manipulé avec une grâce et un déhanchement dignes des Folies-Bergère sur fond de disco.

Une pensée pour celles et ceux qui n'ont plus la force ni l'envie de faire le ménage. Nous conseillons alors aux aides à domicile de fredonner *Faut-il pleurer, faut-il en rire ?*, de l'inclassable Jean Ferrat, qui rappellera tant de souvenirs. Comme les goûts et les couleurs ne se discutent pas, que l'on soit lingette ou robot à laser, la seule chose qui compte c'est *Quand la musique est bonne !* (Jean-Jacques Goldman).

7

SALES CAUSES : EFFETS GLAMOUR

L'une des grandes questions de notre époque, et Internet se fait fort de la résoudre, c'est comment trouver l'âme sœur. Vous me direz : peu de rapport avec les tâches ménagères. Erreur. Faire le propre autour de vous ou montrer un petit « chez-soi impeccable » : voilà la carte à jouer dans une stratégie de séduction ! Comment imaginer une première rencontre dans un appartement qui évoque les Groseille de *La vie est un long fleuve tranquille* ? Mais remontons le cours de l'idylle. Vous avez rencontré votre *alter ego* samedi soir à une petite fête entre amis. Charme, métier, taille : tout vous convient. De plus, il vous a donné son numéro de portable. Quelques jours plus tard, le vibreur sonne : restau, horaires, tout est calé. Il a craqué, c'est sûr, mais va-t-il craquer pour l'appart ? Et là, votre cerveau se met à passer à la vitesse TGV. Si le dernier verre veut déboucher sur une idylle, il faut que tout soit irréprochable. Comme dans les naufrages redoutés, rien ne sera laissé au hasard.

Vite, *checklist* du petit nid qui n'a connu aucun « p'tit déj » à deux depuis plus de six mois. Devant la tâche à accomplir, et le peu de temps qu'il reste, patatras, les bras vous en tombent ! Le compte à rebours devient capital. Vous enfilez votre tenue de combat pour que dans quelques heures tout soit nickel, même si vous devez terminer sur les rotules.

Le salon montre son fin manteau de poussière sous les derniers rayons du soleil. Où sont passées les tasses, les flûtes à champagne ? Est-ce qu'il n'y a pas trop de poussière sur les étagères ? Les robinets de la baignoire sont un peu tristounets... Reste-t-il du café ? Avant d'aller vous coucher, c'est J-2. Épilation, masque. Pour les cheveux, ce sera demain soir.

Bichonner sa maison, se faire belle, prévoir l'apéro, remplir le frigo, tels sont les basiques de la femme qui attend l'élu de son cœur pour une première rencontre à son domicile. On se remue dans tous les sens, cherchant à offrir la meilleure image de soi. « Quoi qu'il arrive par la suite, ça fait du bien », remarque Sylvie, qui a le sentiment de refaire peau neuve. Par les temps qui courent, n'hésitez pas à aller de l'avant. Faites comme Marie, major de l'Essec, laissez-lui un souvenir unique. « Je n'ai jamais rien connu de plus excitant que ses boulettes au cumin faites de ses mains », confie le bel Alexandro. Il semble que, côté séduction, les « valeurs sûres » soient au beau fixe. Ce que Romain résume en deux mots : « Si une fille réussit à faire le risotto de sa mère, ça me va. » Il s'empresse d'évoquer celui de sa nouvelle compagne : « Le risotto de Carla ? Il n'y a pas que moi qu'il retient, il y a aussi tous les copains. On est sûrs d'avoir du monde à la maison et c'est drôlement sympa. » Dites-vous bien que la balayette a des atouts comparables à ceux de bons petits plats.

Sensibles aux bonnes odeurs…

N'oubliez rien : votre façon de vous mouvoir dans la maison, son ordre, ses odeurs, sont autant de révélateurs de vous-même. Imaginez la tête d'un garçon soudain nez à nez avec une vaisselle dans l'eau grasse depuis trois jours ! La première soirée, des plus courtes, risquerait fort d'être la dernière. Comme un écho à votre parfum, une pièce propre et bien chauffée, un lit parfumé sont autant de « plus » pour vous comme pour lui, quoi qu'il arrive… Ne négligez pas l'ambiance sonore car, selon les sondages, ceux qui ont l'oreille musicale se révèlent être les meilleurs amants. Après les premiers pas, deux façons de garder son compagnon. Classique : on le bichonne comme « un coq en pâte » ;

contemporaine : on trouve le moyen approprié de l'intéresser aux tâches.

Érotiser

Les premiers moments d'euphorie passés, certaines vérités peuvent apparaître. Docteur Love devient mister Flemme. Ne s'avouant pas vaincues, certaines n'hésitent pas à déployer alors des stratégies de séduction plus « personnalisées ». Objectif : joindre l'utile à l'agréable. Inciter les hommes par une entrée en matière soignée. Et ça marche ! Nombreuses sont les prêtresses du frotti-frotta à s'installer dans une cérémonie dont elles seules ont le secret. Condition préalable : ne pas se négliger soi-même. Fini les Bécassine en bigoudis avec leur vieux tablier et leurs talons plats ! À l'heure où Madonna passe l'aspi – dans son clip *La reine de la pop* –, vêtue en Givenchy, colliers bling-bling et bottes à talons, plus question de ressortir le vieux survêt ou le pull troué. Comme pour une partie de tennis ou de danse, on se met en condition. Uniforme sportswear. Accessoires glamour. Rythmes musicaux. Le secret de la ménagère branchée ? Ne jamais s'oublier en tant que femme. Face à elle-même, réfléchir en posant un masque d'argile sur son visage, les cheveux parfumés, le Babyliss à la main. Pour les cinéphiles, il y a le souvenir de certaines scènes coquines où la ménagère en nuisette faisait plus qu'émouvoir le mari resté seul pendant les vacances à l'étage du dessous (Marilyn Monroe dans *7 ans de réflexion*). « Après tout », estime Marie-Hélène, démonstratrice chez Darty, « entre mon short et mon T-shirt à même la peau pour le ménage, il n'y a pas grande différence avec les vacances ». Elle se souvient du regard troublé du jeune facteur qui lui apportait le courrier de bon matin l'été dernier. C'est presque un rapport amoureux avec la maison… À chaque échange, petit à petit, on se met à parcourir tous les recoins avec une espèce d'appétit suave, d'avidité qui vous dépasse. L'espace à nettoyer serait-il devenu un endroit de volupté ? Comme dans cette pub télévisée où l'on voit une femme embrasser les murs d'un logement à acheter à crédit comme s'il s'agissait de son futur promis…

Plonger à deux

Si certaines préfèrent œuvrer toutes seules, d'autres trouvent intéressant d'économiser leur énergie en partageant. Martine, par exemple, a décidé de prendre son mari au mot. Le soir, souvent, il lui disait : « Pas de problème, chérie, je débarrasse. » Un jour, elle a vraiment décidé d'attendre. À vingt-trois heures, prête à se coucher, elle n'y croyait plus. Surprise ! Sans la moindre remarque, il avait tout mis dans la machine. Mieux, son homme avait lavé les casseroles et assuré qu'il n'avait pas trouvé ça si désagréable. La patience paie parfois…

Rien n'est jamais acquis en tout cas. Gardons à l'esprit qu'il faut savoir manier le chaud et le froid selon les circonstances. Buñuel l'a bien montré dans *Cet obscur objet du désir*, avec l'histoire d'une femme au double visage qui rend un homme fou d'elle en se montrant tour à tour séduisante et distante, affriolante et prude. Chloé indique : « Je fais en sorte de donner l'exemple. Je m'habille sexy et j'attaque le ménage juste avant qu'il arrive. Je l'accueille chaleureusement. Et ensuite, il passe volontiers la tenue d'intérieur que je lui ai offerte et qui met si bien ses muscles en valeur. » Et après ? Le duo s'y met en musique. Lui finit le salon pendant qu'elle commence à préparer la table. Le dîner terminé, ils remettent ça. Lui à la vaisselle, elle au torchon.

Une fois le tablier rangé ? Selon une récente étude du psychologue américain Joshua Coleman, les hommes qui font la plonge seraient de meilleurs amants. Les couples partageant les tâches ménagères seraient particulièrement enclins aux câlins. De quoi faire réfléchir les machos en herbe…

Contrairement à une idée reçue, la plupart des jeunes gens rencontrés aujourd'hui ne voient là aucune remise en cause de leur virilité. Raison de plus, s'ils veulent s'en servir, de faire la vaisselle. Écoutons Simon : « J'adore quand on fait le ménage à deux. Parfois, je le fais vêtu d'un simple caleçon en élasthanne. » Érotiser son ménage, une solution envisageable pendant qu'il est encore temps. La vaisselle laissée dans l'évier, le dentifrice pas refermé, la serviette en boule dans la salle de bain, les chaussettes sales sur le sol, voilà les signes avant-coureurs d'une fêlure qui peut devenir fracture… « Il ne fait jamais rien comme il faut », pensez-vous. Pour les couples où la querelle s'installe, un recours existe : faire appel à une société de prestations à domicile qui propose des stages d'apprentissage des tâches ménagères destinés aux hommes. Celui-ci, intitulé « Tu seras un homme, chéri », met en scène ces messieurs, avec un petit tablier, écoutant religieusement un cours magistral sur le nettoyage écolo. Sans oublier de retenir par cœur les règles de base : détartrage, dégraissage, désinfection. Ainsi que le « cercle de Sinner », la méthode de la « godille », avant de passer à l'atelier « repassage ».

Pas besoin de stage pour Lucien : « Depuis que j'ai appris à me servir d'un épluche-légumes, de la cocotte en fonte, du micro-ondes et du lave-vaisselle, ma femme est de bien meilleure humeur », affirme-t-il. Et les autres ? Écoutons deux jeunes gens rencontrés dans un supermarché qui estiment tout à fait normal de partager.

« À la maison, dit le premier, tout le monde participait y compris mon père. Je ne vois rien de surprenant là-dedans. »

« Pour moi, ajoute le second, c'est quelque chose qui tombe sous le sens et je ne m'estime pas diminué pour autant. »

Ils sont rejoints aux caisses par leurs compagnes, qui ne tarissent pas d'éloges.

Élisabeth : « Il a apparemment l'air très heureux et plus épanoui que jamais. »

Milou : « Il le vit dans la joie et la bonne humeur, en ayant la sensation de me faire plaisir, tout simplement parce qu'un être humain en vaut un autre, homme ou femme. »

8

LE BLUES AU PLACARD

Toute angoisse est imaginaire. Le réel est son antidote.

André Comte-Sponville

Les journées sans la moindre petite contrariété sont de plus en plus rares. Les occasions de se faire des bleus à l'âme ne manquent pas : dispute, peine de cœur, examen à l'horizon, patron un peu trop empressé, compagnon pas toujours à l'heure le soir… Et si finalement un bon coup de balai était la meilleure façon de vaincre les peines, la peur, en somme, le mal de vivre que chantait si bien Barbara ? La vie moderne nous oblige à assumer toutes sortes de difficultés. Il ne tient qu'à nous de les apprivoiser. Le ménage se présente comme un allié à portée de main.

De l'autre côté de la Manche, ça fait belle lurette que les Anglaises sont convaincues du bien-fondé de leur *housekeeping* ! Selon une enquête (*The Independant*, 2004), elles préféreraient même une « soirée aux chiffons » à une « soirée aux câlins ». Faire le ménage, disent-elles, leur donne le sentiment de dominer leur vie.

Les corvées ménagères, plus stimulantes que la bagatelle ?

Peut-être pas toujours, mais dans beaucoup de cas la libido reste impuissante face à une telle attraction.

L'engouement est indéniable.

Le ménage n'est pas une corvée par manque de moyens comme on pourrait le croire. Cendrillon parce qu'on ne peut pas être la Belle au Bois Dormant : c'était l'opinion de nos grands-mères. Aujourd'hui, les choses ont bien changé. Même les icônes du cinéma éprouvent le besoin de mettre les mains sur le torchon.

Dans son autobiographie, Isabella Rossellini, la fille de la sublime Ingrid Bergman, affirme :

« Je suis toujours en train de traquer la poussière dans les endroits les plus invraisemblables. » La raison de cette volonté d'intervenir soi-même dans le ménage pour quelqu'un qui n'a aucun besoin financier ? « Quand j'ai la chance d'en découvrir un peu, je ne pense plus qu'à ça. Le monde peut s'écrouler, il faut que je l'élimine. » Cette icône du septième art avoue trouver intérêt dans une tâche humble et concrète. Ici, plus question de trucage ; c'est avec son propre corps qu'elle donne une dimension humaine à son travail, loin des caméras. Outre-Atlantique, les jeunes stars d'Hollywood sont sur la même longueur d'onde.

Cate Blanchett, l'héroïne du film *Aviator*, n'hésite pas, elle aussi, à donner son avis. Selon ses propos (*People*, 2009), les tâches ménagères lui permettent de rester « intacte » dans un monde souvent de paillettes. « Ça me fait un bien fou d'entendre la poussière rentrer dans l'aspirateur », dit-elle. « Ce sont des choses simples comme cela qui me maintiennent dans la réalité. » Deux vedettes, deux générations se rejoignent au-delà des continents. Les vertus du ménage n'ont décidément plus de frontières.

Les héroïnes de la lingette rencontrées dans ces pages ont aussi leur mot à dire. Rien de mieux que de les écouter pour dénicher des idées nouvelles…

Le lavomatic, un nouvel Éden ?

À la terrasse d'un café pour notre interview, Delphine, mère de famille, consultante senior à ses heures, attend que son linge sèche à la laverie automatique d'à côté : « On n'a pas de séchoir, et le fil avec les pantalons et les culottes qui pendent, je n'en ai pas envie. » Dans son caban bleu marine, on la croirait revenue d'un tour de voile plus que d'un bureau. En tirant une longue bouffée sur sa cigarette, elle ajoute : « Pendant que ça tourne, le dimanche, avec mon mari on peut discuter en prenant un café ou en lisant le journal. C'est notre petite messe. » On trouve autant de lavomatics que de fastfoods dans certaines villes. Drôles d'endroits pour décompresser !

Autre style, autres fonctions, Camille, célibataire, chef de rayon chez Carrefour : « Quand je m'y lance, je mets la musique à fond et j'oublie tout : mes problèmes avec les impôts, ma mère sous antidépresseurs, mon copain qui n'a pas appelé depuis trois jours. » Avec un sourire, elle ajoute qu'elle garde toujours son portable accroché à sa ceinture.

La féminité tient à peu de choses. Autrefois c'était une nouvelle coiffure ou un tailleur acheté malgré un budget serré. Maintenant, un petit coup de ménage dans le sac à main suffit pour vous redonner confiance. « Je suis très timide. Chaque fois que j'ai un exposé à faire, je me mets à trier, jeter ce qui est superflu dans ma besace et je me sens d'attaque », confie Ariane, étudiante à Sciences Po.

Chez les jeunes, cette activité ne s'impose pas seulement quand on retrouve un confort douillet chez soi après les balades bras dessus, bras dessous, mais également quand on est en plein boom pour préparer un examen ou un rendez-vous professionnel, à mille lieues de la romance. Élodie, un Capes d'histoire-géo à préparer : « Quand les fiches du concours me passent par-dessus la tête, au lieu d'aller voir le dernier navet au cinéma du coin, je me mets à ranger. Ça me permet de mieux travailler ensuite. » La solitude de la bête à concours, le nirvana par la balayette ? Alexandre assure que ses copines viennent de temps à autre lui donner un coup de main et que cela le sort de cette charge de travail inhérente aux classes préparatoires. Décidément, on peut trouver bien des vertus à des gestes répétitifs quand on a pour seul dérivatif les livres de bibliothèque ou l'ordinateur. Remarquons que, même sans compagnon, sans salaire régulier, sans plan de carrière, certain(e)s intellectuel(le)s ou artistes n'hésitent pas à chausser les bottes des fans de la pattemouille. Chez eux aussi on trouve des voix pour crier « tous aux éponges ! ». Nous les entendrons au chapitre suivant.

Une bouée de sauvetage

Dans certains cas, quand la vie ne va vraiment plus droit, le ménage peut devenir une vraie thérapie. À bon marché, ce qui n'est pas négligeable par les temps qui courent. « Il y a quelques années », se souvient Isis, « à la suite d'un licenciement, mon mari a fait une terrible déprime. Il restait allongé toute la journée. M'accrocher quotidiennement aux tâches avec un *timing* très strict m'a évité de plonger aussi. »

Au hit-parade des soucis de la vie, les peines de cœur arrivent aussi en bonne position. Justine, rencontrée dans une salle de fitness, confie son inquiétude pour sa meilleure amie : « J'ai vu Sophie la veille du réveillon. Elle semblait en pleine forme : joues rouges, yeux brillants, les bras chargés de cadeaux multicolores. Quatre jours après le champagne, coup de téléphone :

— Justine X ? Une de nos patientes demande à vous voir… »

Elle se précipite à l'hôpital. Sophie, en pleine déprime, s'était effondrée en larmes devant un client derrière le guichet de sa banque. Mariage coulé, moral aussi. Justine gambergeait sur la suite. Elle ne voyait pas son amie passer des semaines devant le micro-ondes en attendant que les pâtes chauffent. Comme Sophie ne décrochait plus le téléphone, elle a laissé passer du temps. Un mail, un beau matin, d'une « Soph » métamorphosée. Devant une bonne côte de bœuf, les deux amies se racontent comment la plus jeune est ressortie du gouffre : « Pour retrouver une pêche et le feu de Dieu, j'ai balancé tous les médicaments au vide-ordure, fait une razzia au rayon entretien du BHV. Non seulement ça marche, mais j'ai retrouvé un sommeil de bébé. »

Le ménage, à la fois un plaisir, une bouée de sauvetage ? Sans doute. Sophie n'a pas été la seule à connaître ce genre de guérison spectaculaire.

Nous sommes à Carcassonne. Une petite maison derrière les remparts. Lili, mère célibataire, s'est beaucoup sacrifiée pour que Pénélope obtienne sa licence : « Après une peine de cœur, ma fille faisait peine à voir. Perte d'appétit. Séries télé jusqu'à minuit. Refus de répondre à ses mails. Et, bien sûr, pas question de consulter un psy. J'étais affolée. Comment la sortir de là ? J'ai tout essayé : les restaus, les cinés, les petites fringues sympas… Rien n'y faisait. Elle avait toujours le même air totalement abattu, le teint blafard, les cheveux jamais coiffés. » C'est en discutant avec une amie que la maman trouva l'idée qui allait sauver sa fille. Un nouveau médicament ? Un cousin de province à héritage ? Non, simple comme bonjour fut la trouvaille : « Un jour, je me suis lancée dans un relooking total. Achat d'un jogging flashy rose et d'un gros peigne assorti. En rentrant, au lieu de m'y mettre en silence comme d'habitude, j'ai mis les Who à fond. Vous vous souvenez, l'opéra-rock : "*Tommy can you hear me*" ? » L'effet a été radical. Sa fille est sortie de sa chambre et l'a regardée stupéfaite : « Maman, mais qu'est-ce qui te prend ? »

À partir de ce moment-là, mère et fille ont pu renouer le dialogue. Et si Lady Gaga l'emporte souvent sur les Who, leur petit rituel fait le bonheur de chacune. À toi le plumeau, à moi l'aspi. L'une a la responsabilité des meubles, l'autre des étagères. Elles ont redéfini un ordre des choses de la maison. Et chaque samedi, elles s'y mettent en musique. Les joies du partage au goût du jour, une histoire à suivre…

Plus besoin de Prozac, l'huile de coude suffit

Les médecins sont formels. Médecines douces ou pas, les tâches ménagères sont bien moins dangereuses pour la santé que les neuroleptiques. « Chacun y trouve son compte et même la Sécu », confiait un praticien dans un dîner en ville.

Tout le monde le sait, certains gestes ont un impact formidable sur le moral. Le rangement est un excellent moyen de se remettre les idées en place. Faire briller, retrouver l'éclat des objets et de leur souvenir permet de lutter contre la déprime. S'appliquer à ses vitres ou à son repassage aide à retrouver une bonne concentration. De plus, comme toute activité sportive, le ménage libère des endorphines, qui, comme la morphine, ont un effet anti-douleur et anti-blues. Le bonheur assuré. Selon les médecins, ces substances permettent à une personne dépressive de trouver un réconfort, un soulagement quasi immédiats. La neurobiologiste américaine Kelly Lambert explique d'ailleurs que la dépression chez nos ancêtres était beaucoup plus rare [1]. La raison ? Les tâches domestiques étaient plus difficiles et notre cerveau serait conditionné pour affronter une charge assez importante d'efforts physiques.

Alors, on n'en ferait finalement pas assez ? Machine à laver, lave-vaisselle, micro-ondes, toutes les aides mécaniques dont nous disposons seraient-elles insuffisantes pour stimuler nos neurones ? Vision excessive certes. Mais des chercheurs anglais ont vérifié auprès de vingt mille patients, hommes et femmes [2], dont un dixième atteints de stress ou d'anxiété, que faire

1. « Rising Rates of Depression in Today's Society », *Neuroscience and Behavioral Reviews*, vol. 30, 2006.

2. *British Journal of Sports Medicine*, 2009.

le ménage minorait le risque de dépression. Condition : le pratiquer au moins vingt minutes par semaine.

« Le ménage est un ancrage »

Entretien avec Denise Quirck,
psychologue comportementaliste

Reconnaître des vertus positives à ses petites corvées devient de plus en plus fréquent. Nous avons questionné à ce sujet Denise Quirck, psychologue comportementaliste à Paris.

« Les femmes, puisque c'est d'elles qu'il s'agit en général, trouvent là un petit accomplissement journalier. Quand elles voient que tout est propre, joli, brillant autour d'elles, elles se sentent mieux. » Après un temps de pause… « C'est une récompense de s'entourer de propreté ! c'est également une façon de s'aimer. »

Jung et Freud ne sont jamais loin dans l'esprit d'une psy : « Quand on en rêve, poursuit-elle, c'est de son corps qu'il s'agit. »

La personne qui ne s'aimerait pas ? « Elle se dira : "Je ne vaux rien", alors à quoi bon entretenir ma maison. La saleté sera l'expression de son mal-être.

Luttant contre cette idée, une autre s'angoissera à la moindre miette. »

Comment expliquer qu'on en parle tant aujourd'hui ? « Le ménage est une sorte d'ancrage. Il suppose d'être là, de se recentrer dans son corps, ne plus se disperser. Je crois que c'est un besoin actuel. »

Celles (ceux) qui ont recours à une femme de ménage seraient-ils donc moins ancrés dans leur territoire que les autres ? Denise Quirck se souvient de son expérience avec une femme de ménage : « Tout allait bien jusqu'au jour où elle est partie. J'ai passé des journées à tout refaire. C'était comme un grand nettoyage intérieur. Comme si je regagnais la propriété des lieux. »

Le nombre d'heures à ne pas dépasser pour un « ménage sain », selon la psychologue ? Deux heures pour un appartement de cent mètres carrés et cinq heures une fois par semaine pour nettoyer à fond. « Le ménage, insiste-t-elle, doit rester une activité neutre, une sensation d'accomplissement et de plaisir. »

Se débarrasser de ce qui encombre…

Se débarrasser de tout ce qui encombre, voilà sans nul doute un bon moyen de retrouver la pêche ! Cette façon d'agir est à la base des principes du Feng

Shui, philosophie chinoise qui remonte à deux mille quatre cents ans avant Jésus-Christ. Retirez les objets cassés ou abîmés, rangez les vêtements qui traînent sans raison, et, enfin, passez en revue vos meubles. Réfléchissez… Ont-ils bien leur utilité ? Ces bibelots que je n'arrive pas à nettoyer me rappellent de mauvais souvenirs… Suis-je vraiment obligée de garder la console de famille que je trouve démodée ? Et les dessins de ma fille sur ce mur, ne seraient-ils pas mieux dans un album plutôt qu'à prendre la poussière ?

En s'interrogeant ainsi sur tout ce qui constitue notre environnement proche, on découvre que beaucoup de biens encombrent inutilement notre vie. Sans parler du déplaisir qu'on peut avoir à les épousseter quand on ne les apprécie pas vraiment.

Impossible de faire le tri dans tout ce bric-à-brac ? Suivez le conseil d'un ami ergonome. Choisissez une pièce de la maison et videz-la de ce qu'elle contient : bibelots, tableaux, photos, meubles, tapis et tout le contenu des placards. Dans cet espace libéré, si possible repeint d'une couleur claire et d'un seul coup plus grand, décidez de votre nouvelle harmonie de vie, en ayant à l'esprit la citation de Jules Verne : « Un minimum bien employé suffit à tout. »

9

Je pense, donc j'essuie

À entendre certaines déclarations, le ménage est important même chez les « intellos ». Des intellectuelles, romancières, plasticiennes, en

2011, affirment puiser leur concentration, voire leur création, en ramassant la poussière, en faisant la plonge ou, plus noblement, en astiquant leur argenterie. Faut-il les regarder comme des bêtes curieuses ? Une avant-garde subversive qui n'ose pas se revendiquer comme telle ? Sont-elles dans leurs bulles, isolées, prenant leurs désirs pour des réalités très loin de la masse des femmes les mains dans le graillon ?

L'une de nos romancières les plus fameuses, Marguerite Duras, déjà mentionnée, a été la militante de toutes les causes féministes. Elle n'a jamais caché son goût profond pour la gestion de sa maison. Elle comparait volontiers son travail d'écriture aux tâches ménagères : même dimension rituelle, même méticulosité et précision pour un travail jamais totalement achevé. « Ordonner l'écriture, c'est aussi ranger, maîtriser le temps et l'espace, conférer à son acte créatif une ordonnance. » À la fin de sa vie, elle s'acharnait à maîtriser le contenu de ses armoires : « Maintenant encore il me faut savoir s'il y a tout ce qu'il faut, à tout moment pour durer, vivre, survivre. »

De la plume à l'image, il n'y a qu'un pas. Annette Messager, l'une des plasticiennes françaises les plus en vue, n'hésite pas à utiliser dans ses installations le bon vieux compagnon de nos grand-mères, réactualisant un objet qui a traversé les siècles : « J'ai pris mon balai qui traînait et j'ai essayé de planter des éléments, dessins, tissus, sur le manche. J'avais trouvé mon dispositif. » Clin d'œil au passé ? Humour ? Dénonciation de la condition féminine ? « Les plasticiennes d'aujourd'hui ne sont ni forcément féministes ni forcément sexuées dans leurs pratiques artistiques », affirme Mylène Glikou, spécialiste d'art contemporain.

Qu'en est-il chez les jeunes créatrices au temps de l'Internet et du SMS ? Elles travaillent le plus souvent seules chez elles ou dans leur atelier.

« J'aime sentir la vie pour écrire. Chez moi les piles de livres et de disques, de films, forment des montagnes ! Cela me plaît. Car ce désordre est ordonné – dans ma tête du moins », confie la romancière Valérie Tong Cuong. « Je sais exactement où sont les choses, le fouillis n'est qu'apparent, et j'aime cette profusion d'idées, d'images, de poésie, de création », précise-t-elle. Les tâches ménagères ? « Je n'ai pas trop de goût pour le repassage qui demande une grande concentration, mais je peux laisser mon esprit divaguer au gré du ménage ou de la vaisselle. »

Leur relation aux choses concrètes est plus importante qu'un jugement superficiel pourrait le faire croire. On s'aperçoit ainsi qu'intervenir sur sa maison n'est pas seulement un travail sur l'espace mais une action sur soi-même et sur sa personnalité. Prendre soin de son intérieur a un impact qui peut permettre un certain recul par rapport à son travail.

Allons voir de plus près des protagonistes qui ne cachent pas leur opinion sur le sujet. Dans un bel appartement au bord du bois de Vincennes, Rebecca, quarante-quatre ans, journaliste-éditorialiste : « Si je suis en panne d'inspiration, je vais faire un petit coup de ménage pour me passer les nerfs. J'ai besoin de ranger. Ça m'aide à mettre de l'ordre dans ma tête, à prendre du recul. Le désordre qui m'entoure me perturbe énormément. » Son hobby favori ? Nettoyer la cuisine avec toutes sortes d'éponges et d'accessoires. Et passer le balai. « Ça dégage ! », poursuit-elle en souriant. « Je trouve qu'il y a une sorte de satisfaction finalement quand tu vois cette accumulation de matières qui sont le résultat tangible de ton geste. On passe à une autre échelle, l'infiniment petit, et ça déconnecte. » Aussi Rebecca le garde-t-elle en permanence planté au milieu de sa cuisine. Peu lui importe s'il fait « moche » et s'il gêne le passage, comme lui font remarquer ses amis.

Chez Hortense, trente-cinq ans, écrivaine, l'astiquage des sanitaires a un effet surprenant : « Pour bien démarrer ma journée, je nettoie à fond ma salle de bains. Il faut qu'il n'y ait plus aucune trace de passage. » Comme la page blanche qui lui sert de terrain d'expression chaque jour ?

Lutter contre le vide

Chez les jeunes artistes aussi, décrasser, astiquer, disposer, peut être un bon préambule au travail sur la toile. À quelques centaines de kilomètres, Édith, la trentaine épanouie, peintre, vit dans un vieux bateau sur l'île d'Oléron. D'emblée, elle confie l'importance qu'elle attache à faire son lit elle-même : « Juste ouvrir le hublot, secouer la couette, la tendre. Après je peux démarrer ma journée. » Elle poursuit, comme si elle y était déjà : « Après avoir remis chaque chose en ordre dans l'appartement, je monte à l'atelier que je commence aussi à ranger. J'ai besoin de retrouver mon ordre avant de m'y mettre. » Les raisons de cette habitude ? Peut-être « retarder l'échéance de la création », parce que parfois ce n'est pas facile d'affronter la toile vierge : « Pendant que je range, je ne suis pas dans le vide. Je fais le vide en rangeant. Ça me rassure… Il y a un côté valorisant aussi dans le ménage. Alors peut-être aussi qu'au passage on range ses idées. »

L'observation des détails les plus ordinaires est la base de la démarche d'Antoinette Ohanessian. Pour rendre une chose intéressante, « regardez-la longtemps », conseille cette artiste un peu philosophe. Ainsi ses torchons de cuisine lui sont-ils apparus un jour le support idéal pour broder des bribes de phrases saisies au vol, réflexions banales liées au quotidien qui vont des problèmes de lave-vaisselle à l'inconfort du RER.

L'art absorbé par la petite histoire ?

On parle même de l'émergence d'un « art domestique », où les objets banals exerceraient un pouvoir face à un monde de plus en plus virtuel. Des objets réels peuvent parfois même surgir des tableaux, comme c'est le cas chez la peintre Sylvie Roques-Gaichies. Ainsi, les manœuvres associées aux petites corvées par tout un chacun ne seraient pas sans rapport avec les attitudes repérables chez certain(e)s artistes.

Il n'y a pas que les intellectuelles ou les artistes femmes qui éprouvent le besoin de se raccrocher aux choses. Alex, enseignant dans le supérieur, se dit même ravi de combattre les idées reçues avec son témoignage. Chaque lundi après-midi, c'est le même scénario. Le prof accueille Monika, « sa » femme de ménage depuis vingt ans, avec ce qu'il estime être « le meilleur café du monde » ! « Ce petit rituel fait partie de ma vie. On parle de tout, de rien, de météo, de politique. Ensuite chacun part dans son coin. » Alex s'applique à faire place nette dans la cuisine pendant que Monika attaque le repassage dans la chambre d'à côté. Puis il commence à mettre son bureau en ordre et à nettoyer ses ordinateurs qui ne supportent pas les produits ménagers. « J'aime bien tout ce qui est manuel. Ça me détend. » Alex est-il une exception, ou le représentant d'une tendance lourde ? Le ménage serait-il en train de devenir un passe-temps aussi populaire que le bricolage chez les hommes ? Guy, trente-cinq ans, doctorant en informatique, est pacsé avec Marianne, mais ne souhaite pas cohabiter : « De temps à autre, je passe un week-end dans mon intérieur et contrairement à mes attentes, je ne rechigne pas du tout à m'en occuper. Je me suis même aperçu que c'était un bon moyen de ré-envisager certaines parties de ma thèse qui ne sont pas au point. » Le sculpteur Régis Mayot n'hésite pas, quant à lui, à s'approprier ses sprays et bouteilles vides de détergents et d'eau de javel pour en faire de belles constructions colorées.

Un fait est certain. Le ménage est d'actualité. Ces actes banals, qu'il n'y a pas si longtemps on faisait en cachette, sortent au grand jour et sont plébiscités pour leurs vertus. En est-il de même dans l'imaginaire de notre époque ?

10

UN THÈME *FASHION*

« Les écrivains sont comme des éponges qui captent un certain mental inconscient, l'état d'une époque », assure la romancière Marie

Darrieussecq [1]. Dans les romans, au cinéma, le ménage est devenu un thème à la mode. Là aussi, il apparaît sous de nouveaux jours. Quelle est la part de réalité et celle de jeu littéraire ? La question reste posée.

Cette activité peut se présenter comme une façon d'éveiller son esprit.

Dans *La Joueuse d'échecs*, Bertina Henrichs montre le parcours d'Éleni, jeune femme de chambre qui devient championne d'échecs. Certes, le hasard fait bien les choses et la « répétition des tâches laisse l'esprit libre », dit l'héroïne. Pousser les chariots dans les couloirs de l'hôtel peut être une façon (singulière) d'avancer toujours plus ses pions. À force de frotter, laver, récurer, la joueuse découvre de nouvelles combines. Elle prend de l'assurance dans son travail routinier, comme le jour où elle réussit à mettre en échec son vieux professeur : « Le lendemain, le travail sembla se faire tout seul. Éleni poussa son lourd chariot en chantonnant, salua les clients chaleureusement et fit les chambres avec le même dévouement que d'habitude. »

1. www.evene.fr

De leur côté, les nouvelles maîtresses de maison mettent les mains au torchon (dans les romans). Faire le ménage leur paraît être un bon moyen de garder leur petit « chez-soi ». Pas évident en tout cas d'accepter l'aide d'une étrangère, si intelligente soit-elle ! Dans *J'ai renvoyé Marta*, de Nathalie Kuperman, Sandra, une jeune maman, est profondément perturbée par l'arrivée d'une femme de ménage. Dans sa famille, ne s'est-on pas toujours débrouillé par soi-même ? Ancré au fond d'elle-même, l'avertissement énoncé par sa mère : « Quand quelqu'un entre dans ta maison, il voit. Il a ton "chez-toi" dans la tête et il peut le raconter à tout le monde, et tu n'es plus chez toi, jamais, nulle part. » Comment se préserver ? Sandra rivalise avec « l'intruse » et finit même par trouver les tâches ménagères amusantes : « J'aime aspirer, ça oui, j'aime voir la poussière avalée et j'éprouve un réel plaisir à passer sur les plinthes avec le suceur. »

Cette tendance à tout vouloir faire par soi-même n'a pas empêché *Mrs Doubtfire*, vue plus haut, d'installer à l'écran le mythe de l'homme complet, bon père, mauvais mari, homme de ménage parfait. Les représentations sont-elles en train de changer ? Le film en tout cas n'a cessé de grignoter tous les publics, sans distinction d'âge et de sexe. Il est bien loin le temps où faire le ménage était *border line* pour un monsieur digne de ce nom.

Le journaliste Richard Belfer l'a bien compris avec son *Guide ménager et galant de l'homme d'intérieur* destiné à ceux qui savent entendre l'appel à la pelle, à la raclette à vitres, à la brosse à parquet. Les nouveaux galants ne se contentent plus de s'emballer pour un « bon coup » : « Ils veulent faire rêver leur partenaire au milieu d'emballages et de lessives à faire. » Pour cet apôtre de la cause masculine, rien n'est plus doux que cette révolution rose que l'on agrémente d'hommages aux couleurs secrètes des désirs de l'autre.

En attendant de partager, peut-être, romancières, journalistes, artistes plasticiennes endossent elles-mêmes le tablier. Le ménage n'offre-t-il pas un panorama exceptionnel sur la vie des autres ? L'artiste Sophie Calle utilise toutes sortes de supports : livres, photos, vidéos, films pour traduire les moments les plus intimes de la vie. À ses risques et périls, elle invite des inconnus à dormir quelques heures dans son lit, s'essaye au strip-tease dans une fête foraine... L'une de ses œuvres les plus remarquables est la *Suite vénitienne.* Déguisée en femme de chambre, la voici dans un grand hôtel à Venise qui imagine, en époussetant les tables de nuit et en faisant les lits, les scénarios les plus insolites sur la vie de gens qu'elle ne verra jamais.

A-t-elle lu *Les Moutons sous votre lit,* le roman de Louise Rafkin quelques années plus tôt ? L'anthropologue, en panne de travail à l'époque, décide de se faire embaucher chez des particuliers et relate ses impressions : « Chaque foyer dégage un sentiment qui lui est propre : colère, tristesse, gaieté et même optimisme. Il arrive que l'impression de solitude soit si forte qu'elle en est presque palpable », souligne la narratrice. La disposition des objets sur la table de nuit, le tube de gelée contraceptive tombé du lit, la liste des courses sont autant d'indices évocateurs.

Nous sommes loin des préoccupations de Florence Aubenas et de son *Quai de Ouistreham.* Teinte en rousse, la journaliste du *Nouvel Observateur* quitte Paris incognito et loue une chambre meublée à Caen. On la retrouve employée en CDD dans les grandes surfaces entourée de dizaines de collègues.

Salaire dérisoire, cadences infernales, mépris des patrons. Si Florence Aubenas dénonce un quotidien très dur, elle découvre là des copines inoubliables.

Jadis, les femmes de ménage n'étaient que les reflets des riches demeures dans lesquelles elles évoluaient : « Qui me dit que j'aurais eu, comme femme, le même succès que comme femme de chambre ? », s'interrogeait Célestine dans *Le Journal d'une femme de chambre* d'Octave Mirbeau. Aujourd'hui, même si leur statut est précaire, elles ont conquis une certaine reconnaissance et avec elle une image nouvelle. Dans les livres, sur les écrans, on les voit même susciter l'amour avec un grand A. La démocratie de l'amour au bout du torchon ? En tout cas, frotter le parquet devient une façon comme une autre de trouver l'âme sœur. *Une femme de ménage*, de Christian Oster (mis en scène au cinéma par Claude Berri), raconte l'arrivée de Laura (Émilie Dequenne), une jeune femme de ménage vive et gaie, chez Jacques (Jean-Pierre Bacri), un célibataire renfrogné qui vient d'être plaqué par sa femme. Peu à peu, Laura sort Jacques de son mutisme et lui fait découvrir des sentiments qu'il ne connaissait pas.

Même les PDG tombent amoureux de leur femme de ménage. Le *nec plus ultra* dans cette catégorie est *Romuald et Juliette* (1989) de Coline Serreau, l'histoire d'un PDG traqué (Daniel Auteuil) qui trouve refuge chez une femme de ménage antillaise de son entreprise (Firmine Richard), mère de famille nombreuse. En prime, il aura grand mal à faire sa conquête. Mais tout challenge a ses revers cachés. Plus récemment, Cédric Klapich, dans *Ma part du gâteau*, met en scène un jeune loup ambitieux et stressé (Gilles Lellouche) sous l'emprise du bon sens populaire de sa nouvelle femme de ménage (Karin Viard), fraîchement débarquée de Dunkerque.

Après la drogue et le jeu, le ménage fait son entrée glorieuse au palmarès des TOC.

Dans sa *Femme de chambre*, Markus Orths raconte comment Lynn, engagée dans un hôtel, s'accroche à son boulot pour se sortir de la dépression. Le rythme devient infernal : « Elle sort les tiroirs de la table de nuit et les nettoie en dessous, elle se couche sur le sol et nettoie les dessous de l'armoire et pendant qu'elle fait tout cela, elle pense : il est important que je le fasse, on doit serrer de près la poussière partout où elle peut surgir, et parce qu'on ne la voit pas ça ne veut pas dire qu'elle n'est pas là. » Pas question non plus pour Bree, la rousse à la peau de porcelaine, ménagère parfaite de la série culte *Desperate Housewives*, de laisser passer le moindre cheveu.

En route pour la folie ?

À l'opposé, *Le Journal de Bridget Jones*, d'Helen Fielding, montre que les tâches ménagères acquièrent aussi sur les écrans un statut de thérapie gratuite. La célibataire un peu ronde et angoissée se retrouve, sous les traits de Renée Zellweger, à vouloir donner un sens à sa vie : « Le secret du bonheur est de ne pas faire la vaisselle pour que la vaisselle soit faite, mais pour faire la vaisselle. »

« Un coup de balai, j'adore ! »

Entretien avec Ménie Grégoire

Journaliste, écrivain, célèbre pour son émission « Allô Ménie » diffusée tous les jours, de 1967 à 1981, sur RTL, Ménie Grégoire a répondu aux questions de millions d'auditrices. Sa force ? Avoir réussi à les convaincre d'exprimer « tout ce qui était étouffé » au fond d'elles. Elle rassemble aujourd'hui leurs lettres dans un livre.

Avec un large sourire, le visage épanoui, au retour d'un long week-end dans sa maison de campagne, elle accepte d'évoquer la question du ménage.

À brûle-pourpoint, nous lui demandons :

« Vos auditrices parlaient-elles souvent de leurs tâches quotidiennes ? »

« Curieusement il n'en a jamais été question. Sans doute trouvaient-elles normal de s'occuper de leurs maisons. »

« Pensez-vous qu'on peut éprouver un certain plaisir à faire son ménage ? » Surprise ! Après un long silence Ménie Grégoire se laisse aller à son enthousiasme :

« Ce matin j'ai fait une grande partie du rez-de-chaussée de ma maison de campagne. J'ai passé le balai (j'ai horreur de l'aspi, le bruit me gêne), le chiffon, le plumeau. J'ai trouvé tout cela très agréable. Tout le monde rigole quand j'ai le balai à la main ! On me dit : “Mais prenez donc une femme de ménage !” Je réponds : “Oui, pour les grands travaux”, mais en bas, bien que ce soit spacieux, un coup de balai, j'adore ! »

Ce qu'elle ressent ?

« Je vais vous dire quelque chose d'idiot, déclare-t-elle : Le balai a pour moi quelque chose d'amical.

Je crois que ça me fait plaisir aussi parce que je me sens une femme selon l'image de ma grand-mère, ma mère. »

Est-ce que nous gardons, au fond, une certaine tendresse pour les gestes simples ?

« Il m'arrive de laver des petites choses à la main pour le plaisir de les faire mousser », avoue Ménie en souriant. Elle nous dit aussi son goût enfantin pour les plumeaux de toutes les couleurs, légers, joyeux, « presque un jeu » : « Ce matin, j'ai fait mes grands abat-jour et en un clin d'œil, ils étaient si beaux ! » Elle dit parfois éprouver un sentiment de force à faire toute cette beauté.

Idem en ce qui concerne le linge. « L'étendre au soleil me plonge dans quelque chose qui n'a plus rien à voir avec le temps, l'époque, la pensée », confie-t-elle. Un lien secret entre amour, maternité, féminité : « Ce n'est pas un hasard si les hommes ne repassent pas, ne font pas tourner les machines. Il faut réfléchir à ce sujet. » Ménie Grégoire revient à l'essentiel : l'ancienne image de la femme pour laquelle nous n'avons pas de haine mais au contraire une certaine tendresse. La journaliste, féministe engagée, nous montre avec fierté sa buanderie, pièce utile, devenue rare. Avec plaisir et simplicité, elle accepte de se faire photographier devant sa grande planche à repasser.

11

L'INSTRUMENT DU DÉLIRE

Les « intellos » n'ont pas le monopole du balai. Que l'on soit bobo, rétro, techno ou bimbo… Peu importe les moyens et l'esprit de la maison, il trouve toujours sa place. Il n'existe pas de règle en la matière car chacun(e) est libre de sa mise en scène. Vous pouvez l'enfermer dans un placard, l'exhiber au coin de la cheminée comme un compagnon fidèle, le fixer au mur comme un trophée de chasse, en précisant que c'est celui de grand-mère. Si votre entourage le trouve posé en travers du seuil de votre chambre ou caché sous le lit, vous expliquerez que c'était pour conjurer le mauvais sort… Tous les moyens sont bons, pourvu qu'il reste à portée de main ! Le balai rassure, avec son éternel manche en bois, ses poils auxquels nul ne résiste. Question nostalgie, la référence en la matière nous vient de Walt Disney :

En nettoyant la chambre
Pensez que le balai
Est votre bel et tendre
Soudain vos pieds se mettront à danser.
(*Blanche-Neige et les sept nains*)

Associé aussi depuis des siècles à la pauvre Cendrillon, il est le garant sacralisé d'un intérieur en ordre et on ne le sacrifie qu'en dernière extrémité. L'expression « rôtir le balai », qui résume toute une époque, a longtemps signifié être si démuni qu'à défaut de bois, on devait brûler son balai pour se chauffer ou se nourrir.

Pour celles qui ont passé l'âge de lutter avec la méchante reine, il a un aspect particulièrement spécifique que les psychanalystes ont eu plaisir à décrypter. Ses frottements sur le sol constituent une agréable façon de rester en contact avec la terre. Avec son manche perpétuellement pointé vers le ciel, il suscite nombre de fantasmes, avouables ou non. L'expression « avoir une brosse » ou « avoir un balai » (*to have a brush*) signifiait avant la Révolution céder au péché de chair. Dans le très sérieux *Dictionary of Slang, Jargon and Cant* (éd. Albert Barrere et Charles Godfrey Leland, 1889), les auteurs expliquent que l'expression *a broom-handle*, en français « un manche à balai », était autrefois utilisée pour désigner un substitut du membre viril. Le balai, un ancêtre du sex-toy ?

Des joies du corps à celles de l'âme, il n'y a qu'un pas. Depuis toujours, dans les sanctuaires, les temples, les églises, la personne chargée du nettoyage se doit d'être « pure » et pieuse. Elle a la tâche de débarrasser le sol de ses impuretés, de tout ce qui vient de l'extérieur, étrangers du lieu sacré. Dans les campagnes d'ailleurs l'habitude était de fabriquer le manche avec du frêne, censé protéger la maisonnée et l'extrémité avec des brindilles de bouleau censées purifier.

Mais revenons à nos moutons... Le balai nous invite prosaïquement à explorer chaque centimètre de notre lieu de vie, à le fonder comme territoire de notre identité et de nos expériences quotidiennes. Il est l'outil indispensable pour récupérer les pantoufles sous le lit quand on n'a pas envie d'aller chez le kiné une demi-heure plus tard. Comme à l'escrime, au tennis ou au golf, toutes les figures sont admises. Vous travaillez vos coups larges et généreux ? Soit. Vous préférez l'attaque courte et rigoureuse ? Soit. L'auguste instrument « assure » dans tous les cas, dans tous les coins, à toutes les heures, en toute saison. Et quel n'est pas son plaisir d'alpaguer la crasse qui ira bientôt à la poubelle ! Le balai est le seigneur d'un monde infiniment petit mais qu'il aime pousser dans la balayette. On trouve de tout dans cet univers du plancher : poussières indescriptibles, moutons, fils oubliés, pinces perdues, miettes de pain... Ça c'est pour les tâches du bas. Au-dessus de vous, les tentures à dépoussiérer, les toiles d'araignée, et la vitre plus aussi transparente qu'au premier jour...

À propos de premier jour, reste à voir l'origine du mot « balai ». La plupart des observateurs s'accordent sur une racine issue du breton ou du celtique à partir du mot *balaen*, « genêt ». Mais on en trouve aussi ailleurs en bouleau, en saule, noisetier, sorbier ou aubépine. Écologie oblige, les plus prisés sont confectionnés par dame Nature elle-même. Pour satisfaire votre curiosité, rendez-vous en forêt… Car il leur arrive de pousser tout seuls dans les arbres. Les branchettes donnant l'apparence d'être bien rangées surgissent dans un jeune châtaignier ? Ne vous étonnez pas. Il s'agit d'un dérèglement provoqué par un champignon : le *cryphonectria parasitica*. L'arbre, pour se défendre, produit des tissus supplémentaires et les aberrations sont parfois surprenantes ! Les observations de balais de sorcières les plus fréquentes ont lieu sur des résineux comme le pin sylvestre.

Pauvre balai ! que les fans de modernité ont souvent rêvé de renvoyer au grenier. Car le *vacuum cleaner*, son concurrent, avait un look plus flashy et qu'il « faisait le vide », comme son nom l'indique. Inventé à la fin du XIXe siècle, il part cependant dans la course avec un handicap certain. L'aspirateur est lourd, bruyant, énergivore et on ne sait pas où le ranger. Le bon vieux balai, qui n'a ni design ni spot de pub avec lui, a le triomphe modeste, comme la tortue de la fable. Pourvu qu'on ait de l'huile de coude à revendre, la partie est gagnée.

Un point de détail pour terminer. Peut-on dater l'invention de cet objet ? Probablement à l'ère néolithique, avec des poils de loup ou de mammouth pour chasser les détritus, les reliefs de festins des hominidés dans leurs cavernes. Selon les anthropologues, imprégné du sang des carcasses, il aurait même été à l'origine des pinceaux. Lascaux et Altamira peuvent dire merci à l'immémorial balai.

La société est bien injuste avec ce fidèle compagnon des toiles d'araignées, puisqu'elle l'associe à la bêtise dans une expression triviale que nous ne citerons pas ; juste retour des choses, avoir passé cinquante balais signifie que l'on est mûr, expérimenté, et ce petit objet devient un des jalons pour marquer notre passage sur terre.

12

« UN JOUR... LA MAÎTRESSE DE MAISON »

« Le bonheur, c'est vraiment une discipline de tous les jours. »

Nadine de Rothschild,
L'Express

On les croyait désuètes, balayées à tout jamais par la tornade soixante-huitarde. Liftées, épurées, les règles du « savoir-faire » de nos arrière-grand-mères reviennent en force après les « bonnes manières ». Autrement dit, il ne suffit plus de savoir placer les invités autour de la table ou quel vin servir avec le fromage. Désencrasser le parquet, dépoussiérer à fond les fauteuils, retrouver l'éclat des tomettes anciennes, étiqueter le linge : voilà des actes qui ont un petit goût d'antan et qui nous « éclatent ». Média à l'appui, label « écologie » en prime. Mais comment est née cette image de « fée du logis » qui peuple notre imaginaire ? Que penser de ces fillettes qui continuent de demander leur table à repasser au père Noël ? À ce stade, un retour aux sources s'impose.

Net et propre

Au XIXe siècle, avec l'apparition de la notion d'hygiène, les mentalités changent. Alors que pendant des siècles on s'était plus ou moins contenté de vivre avec la crasse, la propreté s'empare de la société comme une « tornade blanche ». Jusque-là méprisée, jugée néfaste pour la santé et pour l'âme, l'eau est enfin reconnue pour ses vertus. Partout, on se met à laver, frotter à grands seaux. Les manitous de ce grand nettoyage ? Les médecins hygiénistes. Soutenus par les pouvoirs publics de la Troisième République, ils pointent la saleté comme responsable de tous les malheurs de la société : guerres, mortalité infantile, épidémies.

Les interlocutrices privilégiées de ces apôtres du « tout clean » ? Les mères. Inquiètes pour leur progéniture, elles s'associent à la mission de salubrité nationale.

Rendre la maison « propre et nette » devient leur credo absolu. Écoutons Marie Armande Gacon-Dufour, théoricienne du savoir-faire de l'époque : « Une maîtresse de maison doit être convaincue que sans propreté, il n'y a ni convenance, ni régularité, ni bon ton, ni bon air, enfin, rien n'est comme il faut. » Même son de cloche chez le personnel, obligé d'intérioriser des règles strictes sous peine de licenciement. Célestine, l'héroïne d'Octave Mirbeau, rencontre la même exigence partout où elle passe :

« Êtes-vous propre ? interroge l'une de ses patronnes.

— Moi, je suis exigeante sur la propreté… Je passe sur bien des choses mais sur la propreté, je suis intraitable. »

Peu à peu, la saleté devient le critère qui distingue le voyou de l'honnête homme.

« La propreté rapproche des anges de lumière ; la malpropreté nous maintient dans les bas-fonds de la boue originelle » : voilà le jugement sans appel de la célèbre baronne de Staffe. Une évidence ne tarde pas à se répandre dans la bourgeoisie : le manque d'hygiène dans certains groupes sociaux est la cause d'un irrespect de la loi. Principales responsables ? Les maîtresses de maison dont l'intérieur laisserait à désirer. Cette remarque sous la plume de l'ingénieur Marty est éloquente : « Si vous voulez moraliser les masses, procurez-leur d'abord l'hygiène du corps et vous arriverez facilement à l'hygiène de l'âme. »

Comment écarter la menace ? En lavant et en briquant toujours plus fort et… en fermant ses portes. Voisins, collègues de travail sont peu à peu écartés, et les domestiques expédiés dans les chambres de bonnes. Seules dans leurs foyers, les mamans ont enfin le champ libre pour exercer leur contrôle. La notion de « vie privée » est née. La définition de l'époque ? Elle est éloquente : « La vie privée doit être murée. » Il est interdit de chercher à savoir ce qui se passe dans la maison d'à côté.

Par le soin extrême qu'elle porte aux siens, la maîtresse de maison acquiert un pouvoir que l'on peut comparer à un véritable ministère. Elle est partout, économise tout, veille sur tout, inspecte tout même si elle n'a pas à faire le ménage elle-même. Comme se souvient Simone de Beauvoir dans ses *Mémoires d'une jeune fille rangée* : « Tante Hélène, dès six heures du matin, inspectait ses armoires. Servie par une nombreuse domesticité, elle ne faisait pas le ménage, cuisinait rarement, ne cousait ni ne lisait jamais, et pourtant elle se plaignait de n'avoir pas une minute à elle : sans répit elle furetait de la cave au grenier. » Son livre de chevet ? Sans doute l'un de ces nombreux « manuels complets de la maîtresse de maison » de l'époque.

Un art codifié à l'extrême

Ces nouvelles bibles diffusent leurs conseils sur des centaines de pages, érigeant la vie domestique en un art extrêmement codifié. Le premier devoir de la ménagère : être toujours de bonne humeur, la moindre contrariété risquant de « faire tache » sur son mari et ses enfants. Fatiguée ? Qu'elle aille reprendre ses esprits dans sa chambre ou faire un petit tour. « Même celle qui n'a qu'une fortune médiocre doit mettre tous ses soins à fixer le bonheur dans la maison », assure Marie Armande Gacon-Dufour. Il s'agit d'assurer le triomphe de l'intimité familiale, notion récente (rappelons le scandale qu'avait fait Marie-Antoinette en voulant se retirer dans ses petits appartements de Versailles).

Pour la suite, tournez les pages. La maison apparaît comme un véritable blockhaus à entretenir et garnir en permanence. On apprend à garder un linge impeccable, à surveiller les domestiques (pour celles qui en ont), faire ses liqueurs, conserver les vins, les rôtis, les volailles, tous les légumes sans exception. En effet à l'époque il n'y avait pas de congélateurs…

Quelques conseils recueillis ici et là. Les armoires sont indispensables dans les cuisines car il est hors de question de laisser du linge un tant soit peu souillé à portée de regard. L'évier doit être lavé avec de la potasse et une éponge grossière, fermé d'un bouchon entouré de chiffons trempés de vinaigre pour prévenir les mauvaises odeurs. Les casseroles de fer-blanc seront nettoyées avec un mélange de poussière de charbon et de cendre légèrement humecté d'huile. Les éponges, lavées chaque jour à l'eau chaude, de temps en temps augmentée d'un peu d'eau de javel, et les couteaux, régulièrement grattés au sable fin…

Grisées par l'arrivée de l'électricité et du gaz, les nouvelles fées du logis ont l'obsession du lavage. D'autant qu'une jeune fille en apportait en dot une quantité incroyable ! À ce propos, celui-ci ne doit jamais être blanchi avant qu'on en ait fait l'inspection et réparé le moindre jour… Le moyen de conserver draps, serviettes, chemises, mouchoirs ? Ne pas en avoir trop, car ils jaunissent et encombrent inutilement les armoires.

Élisabeth-Félicie Bayle-Mouillard, autre technicienne des règles de bonne conduite, insiste quant à elle sur un *timing* strict. *Chaque jour*, veiller à ce que la vaisselle soit bien faite, à l'aide d'un balai en chiffons renouvelés fréquemment, et de temps en temps l'arroser de vinaigre pour empêcher les mauvaises odeurs. *Chaque semaine*, bien secouer les couvertures avec les fenêtres ouvertes… « Il faut nettoyer fréquemment ces vrais "nids à poussière" que sont les recoins et les débarras. »

Rappelons que les intérieurs bourgeois de l'époque, modèles de savoir-faire ménager, étaient beaucoup plus encombrés que les nôtres, le grand chic étant de multiplier bibelots et objets. Qu'une fois par semaine la « patronne » avait « son jour » et qu'il était hors de question de montrer une demeure pauvre ou négligée.

La propreté, un fondement de la République

Dans son ouvrage *Liberté, égalité, propreté*, l'historienne Julia Csergo s'attache à montrer qu'au même titre que la liberté, l'égalité et la souveraineté nationale, l'hygiène devient un fondement de la République : « Dans une société où sont abolis les privilèges aristocratiques, où la bourgeoisie instaure de nouvelles valeurs et un code du paraître aseptisé, la propreté concourt à faire progresser la notion d'égalité, procurant au peuple tout ensemble l'accès à la respectabilité et à la responsabilité. »

« Vive l'eau qui nous lave et nous rend beau ! », entonnent en chœur les enfants dans les écoles. Éduquer l'enfant pour éduquer la mère, telle est l'idée. La leçon d'hygiène est instituée dans les écoles primaires. Et les petites filles grandissent avec les nouvelles tables de la ménagère. Le lavage des mains, les bains d'eau, l'aération de la maison répondent à une nouvelle philosophie du bonheur.

Le ménage : un « huitième art » ?

La guerre de 1914 marque un tournant. Beaucoup de femmes vont être amenées à remplacer les hommes dans des métiers nouveaux pour elles. Pour répondre à leur demande, l'industrie ne va pas hésiter à produire des outils pour faciliter le ménage. Avec l'électricité, les robots arrivent dans les maisons. L'aspirateur, la machine à coudre, le réfrigérateur, le fer à repasser facilitent la vie des femmes. Le ménage entre désormais sous le joug du ministère de la Culture : c'est parrainé par le CNRS que le premier salon des Arts ménagers, vitrine des dernières innovations, ouvre ses portes sous la coupole du Grand Palais (en 1926). Son succès inattendu annonce la naissance d'un « huitième art ».

Les ménagères se voient enfin libérées de leurs tâches les plus lourdes. Un moyen pour elles de s'investir ailleurs ? Pas pour autant. Comme le constate l'historienne Michelle Perrot : si les femmes ont gagné du temps avec les appareils ménagers, elles ne l'ont pas consacré à leur bien-être mais à continuer à tenir la maison de manière exemplaire. « La femme, c'est la ménagère et la mère de famille, c'est elle qui gouverne la maison, qui élève, qui berce et nourrit les enfants », disait déjà Socrate au Vᵉ siècle avant J.-C. Pas évident de remettre en cause des poncifs philosophiques si enracinés qu'on les croit quasi biologiques. Si le progrès consiste à préserver de tout ce qui est pénible, les esprits ne changent pas si facilement. « Une maison sans femme serait une maison sans âme », lance l'acteur Louis de Funès au Salon de 1950. Cette façon de voir a-t-elle changé aujourd'hui ? Nombreuses sont celles qui continuent à se sentir responsables de leur maison… Qu'elles travaillent ou non.

D'où vient notre besoin de propreté ?

Entretien avec Julia Csergo, historienne

Notre exigence d'une maison « propre et nette » a-t-elle toujours existé ?

Le besoin de propreté, l'intolérance aux mauvaises odeurs, à la crasse, n'ont pas toujours été perçus de la même façon au cours de l'Histoire. Pendant très longtemps, des choses qui nous semblent aujourd'hui inacceptables étaient courantes. Il faut s'imaginer que la ville de Paris était comme Calcutta aujourd'hui. C'est seulement avec la révolution industrielle que les normes d'hygiène telles que nous les connaissons aujourd'hui voient le jour.

Pour ce qui concerne la France, en particulier ?

Il faut remonter à l'esprit des Lumières, au XVIIIe siècle, où l'idée d'un homme régénéré se propage. Le fameux « *mens sana in corpore sano* » (un esprit sain dans un corps sain), déjà prôné dans l'Antiquité et à la Renaissance, s'impose dans tous les esprits. On ne peut être une personne bien dans sa tête et dans son corps que dans un environnement sain.

En même temps, la notion d'espace privé apparaît…

Ce renfermement sur les valeurs domestiques et la vie de la famille vient de l'influence des pays du Nord. Alors que le catholicisme a longtemps prôné la crainte de l'au-delà et des valeurs spirituelles fondées sur une dépréciation de tout ce qui était matériel, les protestants valorisent la réalisation de la vie sur terre. Autrement dit, il faut avoir un bon métier, un foyer bien tenu. Plus tard la propreté devient l'indice d'une bonne moralité, d'une respectabilité.

Qui faisait le ménage ?

Pas seulement les femmes au foyer. Au XIXe siècle, avec l'urbanisation et l'exode rural, les « bonnes » arrivent en masse des campagnes. N'ayant aucune qualification, elles se font engager pour pas cher, même par de tout petits bourgeois et des petits rentiers. Toute une éducation se met en place. L'enseignement n'était pas le même pour les filles de la bourgeoisie et celles du peuple. Les premières apprenaient à diriger du personnel ; les secondes à faire le ménage pour deux raisons : trouver un emploi de domestique et bien s'occuper de leurs foyers. Plus tard, l'École de la Troisième République mettra en place des cours d'enseignement ménager pour toutes.

Comment cette différence entre filles du peuple et filles de la bourgeoisie se traduit-elle aujourd'hui ?

De nos jours, l'immense démocratisation a fait prendre aux « filles du peuple » et aux « filles de la bourgeoisie » un nouveau visage. Dans toutes les catégories de la population, il y a des personnes qui font le ménage et d'autres qui ne le font pas. Il y a peut-être des femmes qui n'ont jamais fait le ménage de leur vie parce qu'elles ont toujours été servies. Mais il existe aussi des femmes qui ont de la domesticité et qui font le ménage.

13

UN SUPPLÉMENT D'ÂME

Que l'on soit l'humble ménagère dans le fin fond de sa campagne ou l'ex-première dame de France, nombreuses sont les femmes qui considèrent le ménage comme « leur » affaire. Ainsi, Bernadette Chirac, l'une des personnalités préférées des Français, évoquait-elle sa mission quotidienne à l'Élysée : « De temps en temps, très tôt le matin, je circule dans le Palais pour parler avec les équipes de ménage. Le personnel a besoin de savoir que la maîtresse de maison prend son travail à cœur. Je circule dans la maison, y compris jusque dans les sous-sols. Le soir, je peux m'apercevoir d'un détail qui a besoin d'être corrigé et je profite un peu de ce moment privilégié. J'ai l'impression que la nuit m'appartient. »

De la même façon que Bernadette Chirac s'occupe de son personnel tôt le matin, des milliers de Françaises se retrouvent plumeaux en mains une fois leur petit monde parti au travail et à l'école. De près ou de loin, seules ou par femmes de ménage interposées, plus nombreuses qu'on ne pourrait l'imaginer sont les mamans qui éprouvent un certain plaisir à maintenir un petit nid « net et propre » ! Sabrina : « À partir de dix-neuf heures, quand je rentre du travail, pour rendre la maison agréable, je fais tout dans le même ordre : vaisselle, poussières, vitres, miroirs. Je veux que tout soit propre pour ma fille. J'en éprouve une certaine satisfaction. » Le ménage : un plaisir de donner, un acte d'amour ?

En tout cas, les sondages laissent songeur. Selon eux, plus des trois quarts des femmes continuent de s'occuper du lavage des draps, des sols, des sanitaires et du repassage. Chez Ipsos on détecte même un net penchant féminin à tout faire « sans renâcler »[1].

Beaucoup d'entre nous s'insurgent :

« Bien obligée de le faire ! », s'exclame Sophie : « Qui le ferait à ma place, sinon ? » « À quoi bon se disputer ! », lance Albertine, résignée.

À l'opposé, Clémence fait partie du peloton des ménagères heureuses : « Mon nid, c'est un peu comme ma famille. J'ai le sentiment que je le construis chaque jour avec mon cerveau, mes gestes, ma sueur. »

Le sentiment d'accomplir ou de parfaire une « œuvre personnelle » peut, il est vrai, pallier un certain malaise par ailleurs. Après un silence, Clémence évoque son patron peu reconnaissant, son salaire au quatrième sous-sol...

1. Sondage Ipsos pour Mapa, Spontex, février 2008.

Aujourd'hui, ce n'est plus le torchon qu'on dénonce comme source d'exploitation ! On revient même aux fondamentaux. « L'âme de la maison… » Certaines revendiquent ce terme un peu désuet, hérité de leurs grand-mères, pour justifier leurs interventions quotidiennes. « La femme donne une âme à la maison avec des couleurs, des matières, un regard. C'est une fonction noble et passionnante », fait remarquer Esther, une auto-entrepreneuse battante dans le secteur du matériel de bureau. Son intérieur n'est pas forcément beau, ni luxueux, mais toujours vivant, à son image. Et réfractaire à la moindre négligence. Après avoir accompagné ses filles à l'école, l'auto-entrepreneuse enfile sa chemise d'homme et attaque tout en même temps : les bols qui trempent dans l'évier, les bons de commande, les livraisons des clients. Sa conclusion est sans réplique possible : « J'en reviens toujours à mon ménage. »

Dans *La Vie matérielle*, Marguerite Duras expliquait ainsi cet engouement parfois irrésistible : « Le lieu de l'utopie même, c'est la maison créée par la femme, cette tentative à laquelle elle ne résiste pas […] Elle croit que ça amènera les enfants à rechercher plus tard un état heureux de la vie. » À chacune sa façon de faire, selon sa génération, ses moyens, sa personnalité. Et pas question d'échec. Si l'intérieur est négligé, impossible de se sentir bien avec soi-même. Alors, le bien-être passe-t-il par l'aspirateur, n'en déplaise aux féministes ? La balayette à outrance assure à coup sûr un éden, même durement gagné. Nous rencontrons Maryse au Musée de la vie romantique où elle est conférencière.

Dans son duffle-coat vert d'eau, on la croirait revenue d'un cours à l'Université. Une de ces femmes modernes libérées des contraintes liées aux enfants en bas âge ? Son désir est de s'épanouir tout en continuant de veiller à la tradition familiale. Pour elle, le ménage fait partie d'un « tout » : la petite fête impromptue, les cinquante ans de son mari, l'achat de cette nouvelle corbeille à fruits design sont autant de prétextes à s'affairer… Avec un large sourire elle confie : « Le ménage me plaît, repassage, séchage, vidage des machines. Repasser me vide l'esprit. On peut cogiter, réfléchir. »

Son credo ? « Vivre à six dans cent quatre mètres carrés en foutoir c'est déprimant ! » Alors il faut avant tout que la maison soit rangée, jolie. Chaque semaine, en général le lundi matin, après avoir passé un vieux jogging (elle évite les couleurs à cause des taches éventuelles de javel), elle se lance pour environ cinq heures. Armée de son gant de latex à la main droite, sa bouteille de Monsieur Propre ou de Viakal dans l'autre main, la jeune femme passe partout avec frénésie : « Quand je m'y mets, j'aime qu'il n'y ait pas une miette qui reste, et tant pis s'il faut recommencer le lendemain. »

Assise sur un banc dans l'intime jardin du musée, Anabelle quitte un instant son livre des yeux pour s'introduire dans notre conversation. Sa marotte ? Les lits, surtout le lit conjugal offert au regard des autres puisque sa chambre, nous confie-t-elle, ouvre sur le salon. « J'aime qu'il soit impeccable, qu'il n'y ait pas un pli. C'est pour le coup d'œil. » Elle nous confiera, un peu plus tard, qu'un jour son mari avait profité d'une de ses absences pour prendre la cuisine « en mains » : « Il avait commencé à changer les choses de place, à vouloir instaurer son organisation. J'étais plutôt contente, mais à ma grande surprise, au bout d'un certain temps, je me suis entendue lui dire : "C'est MA cuisine" ! »

Dans les villes, les retraitées modernes, issues de la révolte des années 1960, expriment leur amour du ménage sans la moindre réticence. Certains propos d'auteures américaines auraient pourtant eu de quoi inquiéter les mamies frotteuses : « Privée d'intérêts extérieurs, la femme est virtuellement obligée de consacrer chaque minute de son temps aux travaux fastidieux du ménage. » N'ont-elles pas entendu Simone de Beauvoir établir le lien entre l'absence d'activité créatrice chez la femme et l'existence féminine à travers les objets : « Parce qu'elle ne fait rien, la femme recherche avidement ce qu'elle a » ? Rien de la féministe célèbre n'est venu à bout de leur intérieur impeccable. Leurs quatre murs, c'est leur passion. Aucune activité ou intérêt ne leur fera négliger leurs nids douillets.

Agnès, retraitée depuis peu, vient d'emménager avec son mari dans une résidence moderne du XVIIIe arrondissement de Paris : « Lui, très franchement, l'aspirateur, le repassage, il peut s'en passer. C'est déjà bien qu'il mette les couverts dans le lave-vaisselle, comprenez, il n'a eu aucun repère. » Elle précise que son beau-père grec ne savait pas laver une tasse à café et que sa belle-mère, comme toutes les grandes bourgeoises d'Athènes, mettait un point d'honneur à ce que son homme ne touche à rien.

Voyages à la découverte du monde, conférences, sorties culturelles entre amis… Agnès, comme beaucoup d'autres de sa génération, jouit des avantages de sa situation de retraitée « dans le vent ». Cependant, elle ne relâcherait pour rien au monde son attention sur la maison. Elle estime que c'est encore important pour son fils peintre, trente-six ans, encore célibataire, et aussi pour ses petits-enfants. Elle qui, il n'y a pas si longtemps, occupait un poste à responsabilités nous avoue avec un large sourire : « Pour moi, faire le ménage c'est entretenir l'harmonie de la vie. Si je ne suis pas adroite de mes mains comme mon fils, j'aime changer les tableaux de place, bouger les meubles. Je ne laisserais pour rien au monde quelqu'un épousseter mes objets à ma place ! » Et de montrer, soigneusement mis en évidence sur la bibliothèque du salon, un petit pot de porcelaine en forme d'éléphant offert par son fils ou encore ces galets colorés ramenés de Chine, d'Inde, « pas une grande valeur, mais tant de souvenirs… ». Il n'est que quatorze heures. La salle à manger parfaitement ordonnancée est prête à accueillir des invités.

Chéri, devine qui vient dîner ? Au programme de la soirée : un prochain départ (tenu secret) sur les traces des cités perdues de Jordanie.

Selon certaines psychologues américaines, les femmes ont intégré l'idée qu'elles doivent faire tout le mieux possible à la maison. Rien ne semble annoncer un renversement de tendance dans les années à venir.

Sans doute vous êtes-vous déjà demandé pourquoi certaines fenêtres restaient éclairées tard dans la nuit. Pendant que tout le monde dort, Salima, comme bien d'autres, en profite : « Je reste jusqu'à quatre heures du matin. Quand on a fini de dîner, je fais ma cuisine à fond et comme c'est de l'inox, on est obligé de bien nettoyer. Ensuite, je passe aux toilettes, à la salle de bains… » Et ce n'est pas fini ! La jeune femme en profite pour pousser les meubles sous lesquels elle a collé des pastilles pour ne pas faire de bruit. À la fin, elle tire la saleté avec un balai et une serpillière humide, comme le faisait sa grand-mère.

Créer un nid tout propre, une identité rien qu'à soi, peut paraître un véritable challenge. C'est le cas aussi dans les nouvelles familles recomposées qui se retrouvent à intervalles plus ou moins réguliers. Véronique, remariée, faux air de Meryl Streep : « Même lorsque mes fils ne sont pas là, le matin, je donne un petit coup de plumeau et j'aère. Lorsqu'ils arrivent, je mets les pyjamas sur les lits, je sors le ballon de foot et les rollers, histoire de leur montrer qu'ils sont bien chez eux. »

Il y a aussi la litière du chat, le bocal du poisson, la cage du perroquet, les poils du chien… Pour les mamans modernes, donner de l'âme, c'est se mettre au diapason d'un rythme pas toujours évident ! Attablée avec une copine à la terrasse des Deux Magots, Éliane, une blonde hyper sophistiquée aux ongles peints en rouge, cache sous son maquillage exagéré les préoccupations d'une mère de famille banale. Elle nous confie à notre grande surprise : « Ma journée commence en général à six heures trente le matin. Je prépare le petit déjeuner, je m'habille, je me maquille et j'emmène les enfants à l'école et quand je reviens, je passe mon jogging, et je fais mon petit ménage. » Pour elle, l'aspirateur, le coup de serpillière à l'eau et au savon, le zeste de Monsieur Propre, c'est tous les jours !

Et devinez quoi ? Il n'est pas rare que ça se termine à deux cents mètres de là, par un coup de balai chez sa mère, réfractaire aux aides ménagères.

Soulignons qu'une fois leurs marmots sortis du nid, certaines mamans, rivées à leurs habitudes, n'hésitent pas à prendre le train, voire même l'avion, ultra-décapants et plumeaux en poche, pour voler au secours de leurs « petits » en prépa ou en début de stage.

Alors, prises dans un « corset invisible », comme le disent les nouvelles féministes ? Ou tout simplement heureuses de le faire ? À chacune sa version. « Je ne me plains pas. Ils sont formidables », assure Éliane. Comme elle, nombre de femmes estiment que l'entretien de la maison est décidément la façon la plus naturelle de cultiver le bonheur.

14

La toile à régner

L'action de la ménagère est parfois loin d'être anodine. Bouger les meubles, choisir les objets, les couleurs, les odeurs, remettre de l'ordre dans le désordre des autres représentent autant de façons d'imposer sa personnalité. « La famille est un monde et elle la voit comme "leur" monde », considère Perla Serfaty-Garzon. En effet, les psychothérapeutes sont formels : les femmes en viennent souvent à une toute-puissance sur les choses et sur les personnes dont elles n'ont pas conscience, contrairement à leurs proches.

Maîtriser les situations, voilà le grand défi à relever en cette époque où tout s'accélère ! Au moins chez soi, ne pas se laisser dépasser...

« Vérifier chaque recoin de la maison me donne le sentiment de rester comme une reine au milieu de sa toile », affirme sans complexe Zoé, mariée, quatre enfants. Cette Franco-Américaine, femme d'un maître d'hôtel à Roissy, n'hésite pas à clarifier sa pensée : « Au bout de ces piles de linge soigneusement rangées, de ces verres étincelants sur les étagères de la cuisine, de ces lits tirés au carré, il y a le sentiment de contrôler ce qui vous échappe par ailleurs. »

Alors que les circonstances de la vie nous plongent dans une incertitude parfois difficilement contrôlable, comment se faire un bien immense et retrouver ses marques ? Au nom du cocon, en vous insinuant sans effraction dans l'intimité de ceux qui, maturité oblige, s'échappent un peu plus chaque jour. Et comment ! Alors ce grand ado qui joue jusque tard dans la nuit, eh bien on le retrouve dans sa chambre bien rangée et le quasi-bachelier redevient le « chéri » de sa maman loin des doutes de son âge. Et cette princesse arrogante, dont on a découvert le premier mégot caché et qui tarde maintenant à rentrer le week-end ? On lui refait son lit comme si elle venait de rapporter un bon point de l'école.

Si la maison est aujourd'hui ouverte à toutes les expressions, nul doute que ceux qui l'époussettent sont aux premières loges pour surveiller la vie de ses habitants. Autant de façons de repérer des indices qui en disent long… Un matin, j'ouvre mon poste de radio et j'entends justement des voix se questionner, inquiètes : « Le matin, je trouve parfois des restes de nourriture sous le lit de ma fille, dois-je lui en parler ? » Une autre, d'un timbre à peine audible : « L'autre jour, je suis tombée sur une bd porno coincée derrière le lit de mon petit garçon… »

Certaines ont des démarches beaucoup plus résolues. « Hier matin, quand j'ai rangé la chambre de Lili, je n'ai pu m'empêcher d'aller voir dans son carnet secret… », confie Noémie, la quarantaine enjouée. Elle jure s'en mordre les doigts et avoir agi ainsi pour se venger du désordre de son aînée. À l'exemple de Sophie Marceau qui, dans *Lol*, ne peut s'empêcher de lire le carnet secret de sa fille.

Comment s'étonner dès lors si certains ados s'obstinent à préserver le désordre malgré les regards désapprobateurs ? Solange, une ex pure et dure du désordre, punk dans l'âme : « Déjà au lycée, quelle que fût la personne qui visitait ma mansarde au dernier étage de la maison, elle devait m'accepter avec ma personnalité. » Elle explique que, sans parlotte inutile, elle livrait ainsi son moi profond. Ses idoles du moment étaient sur les murs. Deux, trois phrases qui lui tenaient lieu de devises terminaient son décor. La révolte de 1968 *a posteriori* ? « Avec ce bazar, je réglais mes comptes en famille, ce que je n'ai compris que beaucoup plus tard. » Aucune situation n'est désespérée.

Mais revenons à nos mamans et à leurs missions secrètes. S'il leur arrive de s'imposer un peu trop lourdement ou de ne pas résister à certaines tentations, leur volonté première est d'inculquer les valeurs de la propreté, à commencer par le fameux « lave-toi les mains avant le dîner ».

Il y a seulement quelques décennies, quand l'eau n'arrivait pas dans les maisons, elles passaient un temps fou à faire le ménage (deux mille heures par an en 1968 contre mille heures aujourd'hui [1]).

---

1. Étude de l'Institut de recherche sociale, Michigan, publiée dans le *Journal of Family Issues*, 2007.

L'ordre, la blancheur représentaient alors un challenge, une valeur d'autant plus précieuse à transmettre. Retraitée dans une petite bourgade nivernaise, Bernadette accepte d'évoquer pour nous les tâches dans la grande ferme où elle assumait tout, entre vaches, mari et enfants. Bien calée sur son fauteuil, son petit chat sur ses genoux, l'ancienne cultivatrice se souvient… « Quand j'ai eu mes trois premiers enfants, il n'y avait pas d'eau à la maison, pas de machine à laver. J'allais dehors, utiliser l'eau du puits, et parfois, quand il avait beaucoup plu, je descendais à la rivière avec les voisines. » Loin d'être au bout de ses peines, il lui fallait ensuite essorer, placer la tonne de linge sur les fils. L'hiver, quand il n'arrivait pas à sécher, l'étendre à nouveau en travers de la cuisine.

Le repassage était la tâche fastidieuse entre toutes. Bernadette explique qu'elle avait deux ou trois petits fers en fonte qu'elle faisait chauffer chacun à son tour sur la cuisinière et qu'il était difficile de régler la température, au point qu'elle brûlait souvent les chemises.

Son plus formidable souvenir ? Quand l'eau est arrivée au robinet de l'évier : « Une chose inouïe ! » Ce fut ensuite le tour de la machine à laver, un événement : « On allumait au gaz par-dessous et mon mari vidangeait à l'aide d'un tuyau placé à même le tambour. » Aujourd'hui, Bernadette se dit fière des valeurs qu'elle a réussi à transmettre à ses enfants : « Chez eux, c'est propre partout, rien ne traîne. » Même ses garçons ont hérité de son savoir-faire et prennent soin de leur progéniture.

15

Le cercle des accros

« Que la douceur de l'amitié soit faite de rires et de plaisirs partagés. »

Khalil Gibran

Pour beaucoup de gens, les relations familiales se résument à quelques rencontres annuelles. L'ennemi c'est la solitude, et le travail ne favorise pas toujours les relations humaines de qualité. À en juger par certains sondages récents, la France demeure un des pays les plus pessimistes d'Europe. Il y a donc quelque chose qui cloche au pays de la mère Denis ! Si le bonheur ne passe pas par les objets entassés dans la buanderie, que faut-il faire pour triompher du mal-être et renouer le contact avec le monde ? Là encore, le ménage pointe le bout de son nez. Ne dit-on pas que c'est dans les vieux pots qu'on fait la meilleure soupe ? Les petites tâches de la maison peuvent devenir un élément essentiel du dialogue entre individus.

À condition de bien choisir le (la) partenaire, briquer à deux a ses avantages. Il y a le plaisir de ne pas œuvrer toute seule. Le sentiment que tout va très vite. Peu de femmes l'avouent, mais beaucoup s'y mettent en duo avec leur femme de ménage. Tout est question de feeling. À condition, évidemment, de tomber sur la bonne employée. Sans détours, Anne-Sophie nous explique sa recette du bonheur ménager : « Quand Anna arrive, pendant qu'elle commence à s'occuper de la cuisine, je me mets à ranger la maison. Les affaires de ma fille qui traînent, les cd-rom sortis de leurs étuis, les papiers en vrac sur le bureau. » Comment vit-elle ce duo étonnant ? « On parle peu mais j'ai l'impression qu'on communique. Elle me dynamise. » Une perle qu'on se prête entre copines ? La jeune femme n'aime pas trop que son employée lui parle des autres maisons où elle travaille. Elle la considère comme une amie et lui ramène souvent des cadeaux de ses voyages. Quand elles se quittent, les deux femmes se font la bise comme de vieilles copines. Après l'effort ? Le réconfort. Quand au bout du compte elle voit le linge soigneusement empilé sur la table de la cuisine, Anne-Sophie éprouve un vrai sentiment de bien-être. À tel point qu'elle ne le range pas tout de suite, comme pour se dire « Anna est encore là ».

Les femmes ne sont pas les seules à apprécier ce genre de complicité. Jean, professeur à Paris, n'a pas besoin de se mêler de cette affaire ménagère. Il s'arrange cependant pour être à la maison chaque lundi après-midi. C'est son plaisir d'accueillir Lucia avec un petit café. « Elle me parle de ses enfants restés à Chisinau, de l'efficacité des machines lavantes-séchantes ou du rideau mystérieusement décroché. Ensuite, elle passe au repassage, et moi, à mes papiers… Sa présence me rappelle l'ambiance de la maison quand j'étais enfant. »

Dans les familles, les enfants sont de plus en plus souvent à la maison, devant l'ordinateur ou la télé. Le ménage est une activité saine et un bon moyen de souder les liens. Ariane prend ainsi plaisir à œuvrer en tandem avec sa fille Chloé, treize ans : « Pendant les dernières vacances, ma femme de ménage n'étant pas là, j'ai été obligée de tout faire. Je me suis aperçue que les interrupteurs, poignées, boutons de cuisinière étaient très sales. J'ai tout frotté. » Sa fille s'est-elle contentée d'assister au spectacle ? Sans préjuger de sa réaction, elle fut mise à contribution. « On a appelé ça "l'atelier ménage". On planifie nos tâches. Elle balaie, passe l'aspi sur la moquette, enlève la poussière avec un plumeau. Elle met les Rolling Stones. » Pour convaincre les petits récalcitrants, certaines mamans font d'ailleurs preuve d'imagination : « Regarde ta poupée qui traîne par terre. Elle aussi a besoin de faire dodo dans son lit », ou « Les soldats de plomb ont terminé la bataille, ils doivent maintenant rentrer au camp pour se reposer. »

Les familles nombreuses nécessitent des plans d'ensemble. Marion, une maman de quatre filles, a mis en place une façon de partager, un peu « lointaine », mais astucieuse. Son principe ? Chaque samedi, un grand tableau des tâches à faire dans la maison. À chaque tâche, un nombre de points. Exemple : préparer la table (un point), remplir la machine (trois points), laver les plats et nettoyer l'évier (quatre points), et ainsi de suite. Chacun doit fournir vingt points en guise de participation à la collectivité. Le reste, c'est de l'argent de poche (un euro par point).

Plus tard dans la vie, des images chaleureuses reviennent à l'esprit. Bérangère : « Je me souviens des “samedis ménage”. On était tous les trois, la musique à fond, les fenêtres grandes ouvertes. C'était des moments très sympas. » Anita : « Papa venait souvent déjeuner chez moi le dimanche. Ensuite, il regardait un match à la télé et tout naturellement, on se mettait à faire les vitres. »

Les vacances en groupe aussi sont de bons prétextes pour les jeunes de découvrir le bonheur des tâches simples. « Faire la vaisselle à plusieurs apporte une autre dimension. On bavarde, on va plus vite, et puis, on a le sentiment de ne pas être seul, ça peut même devenir joyeux », explique François, responsable d'un groupe de scouts.

Laver ver, laver ver, laver la vaisselle !
Les ga ga, les ga ga, les ga les gamelles
C'est charmant d'essuyer les assiettes,
Les couteaux, les cuillères, les fourchettes !
Et ça fait passer le temps et le mal de tête
C'est le meilleur des médicaments !

François complète ce tableau champêtre en racontant que le nettoyage des toilettes, en particulier, donne lieu à d'irrésistibles blagues et fous rires.

Les charmes des petites corvées n'ont décidément plus de limites chez les jeunes ! Se retrouveront-ils quelques années plus tard à chanter le même air dans leur « coloc » ? « Comme on révise ensemble, on fait les courses et le ménage ensemble, et on se marre bien. Ça se termine souvent par un bon apéro… », assure Ernest.

Remarquons que, dans les nouveaux feuilletons de télé-réalité, *Koh-Lanta* ou *Secret Story*, il n'est pas rare de voir les plats qui traînent et les participants se « coller » à la vaisselle.

Une manière de recréer une convivialité familiale ? En tout cas, manifestement une façon très actuelle de « devenir grand » une fois loin de chez papa-maman. Et Ernest de nous confier, un peu honteux, que lorsqu'il rentre le week-end chez ses parents, il redevient comme avant.

Qu'en est-il dans la galaxie des bonnes copines ?

Cléa et Alba sont deux Françaises qui résident à cinq cents mètres l'une de l'autre à Waterloo, la banlieue chic de Bruxelles. Elles se sont connues il y a une dizaine d'années, à leur arrivée en Belgique. Depuis, elles échangent chaque jour leurs bonheurs et leurs peines. Le ménage ? Elles s'y mettent régulièrement à deux, et même parfois à trois avec la voisine. Pendant que l'une repasse, l'autre lave le sol ou range les assiettes. « C'est autrement plus sympa que de se retrouver seule chez soi devant son évier », affirme Alba. Une occasion aussi de se réunir. En laissant de côté celles « qui n'y touchent pas », comme Alexandrine, à cinq minutes de là, et qui ne fait jamais rien : « Elle va au bureau, et à seize heures elle joue au tiercé ou regarde

Une famille en or à la télé. Pour elle je suis une paysanne », regrette Alba, un peu amère. Le ménage, une question de sympathie, finalement ?

16

LES PETITS PLAISIRS DE LA GUERRIÈRE

« Les femmes réalisent la beauté sans la comprendre. »

Les Plaisirs et les Jours,
Marcel Proust

Et quand chasser la poussière ne suffit plus, un seul mot d'ordre : on va changer tout ça. Comme des peintres ou des metteurs en scène, on se met à scruter, jauger tout en traquant la poussière, réévaluer inlassablement, impitoyablement parfois, son intérieur. À chacun(e) d'inventer son nid, à nul autre pareil ! Une touche du passé, un brin d'émotion, un peu d'inventivité... Le tour est joué ! De la remise en ordre des choses, c'est presque machinalement que le ménage nous entraîne à les remettre en cause.

Au gré du Swiffer ou de la serpillière, chacun(e) prend le temps de juger toutes sortes de modifications : remplacer une tenture un peu fatiguée, intervertir les coussins, jeter une étole de couleur sur le canapé, changer la disposition des fauteuils.

Les petits chamboulements occasionnés par le ménage participent d'un nouvel art de vivre : une façon de quitter les chaussures et de les ranger soigneusement devant la porte d'entrée, d'évoluer avec calme, ou de marquer un temps de pause avant de passer à table. Peu importe, autrement dit, qu'il n'y ait que des spaghettis pour le dîner pourvu qu'ils soient servis dans de belles assiettes, à côté d'une jolie carafe, de verres à flûtes qui brillent sous le feu des bougies. Une mise en scène apparaît nécessaire. Car l'époque limite les sorties au restau, et renonce aux surgelés, trop chers et trop salés, pour des petits plats « faits maison ».

Le ménage devient le lieu d'une série d'interactions qui dépassent le simple champ de la propreté et de l'hygiène. Cécile, avocate d'affaires, devant son généreux viennois face à la Pyramide du Louvre, aborde la question sous un angle presque juridique : « Je dresse une sorte de bilan mental. Ensuite, je trace deux colonnes sur mon filofax : les "pour" et les "contre" dans l'appartement. » Que signifie ce rituel complexe ? Les « pour », en bleu au feutre, ce sont les objets et les meubles qu'elle veut harmoniser sans délai, un nouveau cache-pot pour la plante verte, un abat-jour... Et dans l'autre colonne ? Les « contre », en vert, ce sont les objets qui lui sont tellement familiers qu'elle ne veut pas les changer.

Parfois les « petits riens » font des miracles. Ainsi, Véronique qui souffrait du départ d'Alex, son compagnon de vie depuis quatre ans, s'est un beau jour décidée à éliminer de sa chambre tout souvenir du passé : « J'ai posé mon balai et je me suis dit "ça suffit". » Dix jours après, sa chambre était repeinte d'une de ces couleurs anglaises un peu rares. Elle avait mis des rideaux blancs en lin tout simples, et passé une couche de doré sur les tables de chevet achetées ensemble aux puces. C'était reparti pour une nouvelle vie !

Version féminine du bricolage, la « déco perso » est facilitée par les industriels. Depuis toujours les femmes « font » l'ambiance dans la foulée du ménage, comme l'explique l'historienne Anne Martin-Fugier : « Alors que les hommes trouvent des objets à l'extérieur, les collectionnent, et que leur activité suppose un savoir, elles ornent leur espace en fabriquant des "petits riens" comme elles fabriquent des enfants ou des gâteaux, se limitant à un savoir-faire. »

Aujourd'hui, la subtilité est de réussir à faire cohabiter des styles différents dans un même espace. La « customisation », cette façon d'apporter une nouvelle vie aux meubles, aux appareils ménagers, aux objets, est en vogue, et c'est un jeu d'enfant. Les nouvelles peintures adaptées à tous les matériaux permettent de jongler sur les effets : vieilli, cérusé, chaulé, glacé, craquelé, laqué, métallique, faux marbre, peigné, à rayures, mosaïque.

Vous souhaitez donner un esprit « récup' » ? Cartes routières, vieux journaux, pages de BD, papiers cadeaux, débris de carrelage, bouchons, capsules, écorces, coquilles d'œuf, étiquettes de bouteilles font l'affaire pour pas cher. Le tout est de faire preuve d'un peu d'imagination.

Pour les plus paresseux, les stickers sont la solution idéale. Paysages urbains, champs, montagnes se collent tout simplement sur les portes des machines à laver et donnent l'idée de perspective. Même les objets bons à jeter redeviennent beaux.

Tout est permis quand il s'agit de créer, on se laisse alors aller à ses instincts. « J'ai fini par oser décorer la porte de mon frigidaire avec des taches façon zèbre », avoue Susie, qui en rêvait depuis longtemps.

Traditionnellement réservé aux hommes, le bricolage fait de plus en plus d'adeptes chez le beau sexe. Inversement, les hommes commencent à s'intéresser sérieusement à la déco. Tout un chacun veut s'improviser « artiste d'intérieur ».

Mario : « Ma vieille étagère Ikea reprend vie avec un fond vert translucide. »

Élisabeth : « J'ai recouvert ma commode d'un mélange d'imprimés liberty, vichy, écossais… Ensuite j'ai repeint chaque tiroir dans une couleur différence et j'ai mis des poignées en verre transparent. »

Frédéric : « L'autre jour, j'ai parsemé ma salle d'eau de galets, comme à la plage. »

Chez d'autres, les murs des couloirs continuent de refléter les souvenirs des temps heureux : « En cas de dispute, ça fait comme un clin d'œil du passé », affirme Sonia avec nostalgie. Soulignons que là aussi, la propreté et l'ordre sont des plus-values indéniables. Quel triste exemple que ce même mur avec des photos gondolées, sans lien entre elles, et qui virevoltent dans tous les sens ?

Question tendance, les nouvelles devantures de « petits riens » s'empressent de proposer toutes sortes de notes excitantes, modernes, qui disparaissent très vite dans les poubelles. Face à cette invasion, certaines préfèrent des produits peut-être moins beaux mais plus écolos ou faits maison. Elles donnent à leur cire une senteur de lavande en y mixant quelques gouttes d'huiles essentielles.

Elles se concoctent un parfum « à elles », avec, par exemple, une grosse poignée de pétales de rose, quelques feuilles de verveine, une écorce d'orange dans un mélange de vodka et d'eau de rose. Elles troquent leurs stocks de choc contre une panoplie plus délicate de produits écolos qui donnent à la maison un goût d'autrefois : liquide vaisselle à la fraise, désodorisant à la bergamote, tonique pour vitres à la menthe… Le chic du chic ? La *Luffa cylindrica* (ou courge éponge), une espèce de courge qu'on fait sécher pour obtenir une éponge complètement végétale.

Au fond, peu importe, que l'on soit techno ou écolo, chacun agrémente sa maison selon ses envies, ses goûts et son porte-monnaie.

« Avec mon mari, on choisit ensemble », raconte Dora. « Le dimanche, quand tout est propre, on va parfois au "Trois fois rien" près de chez nous choisir un nouveau drap, un cadre. » D'autres se rendront au marché aux puces à la recherche d'« un zest d'âme ». Ou ressortiront le vieux fer à repasser vintage de leur maman. Autant de « petits plus » qui changent, eux aussi, l'air de la maison.

17

UN MARCHÉ QUI ROULE !

Le plaisir du ménage, évoqué dans ce livre, c'est aussi la formidable attraction exercée par les nouveaux ustensiles et produits. Techno ou rétro ? À chacun(e) ses convictions. Les conversations suivent…

Un vendredi soir, à la sortie d'Uniqlo, le grand magasin de vêtements japonais à Paris, Aline et Deborah nous surprennent par leur discussion passionnée. La conversation porte sur les heurs et malheurs des tâches domestiques. La première, Aline, venue de la bourgeoisie tourangelle, ne jure que par la rigueur transmise par ses grands-parents : un torchon pour la vaisselle, un pour les couverts et un autre d'une étoffe différente pour l'argenterie plus fragile. Deb, d'origine italienne, fan de la Foire de Paris, est sans cesse à la recherche du nouveau produit.

Aline intervient :

— Moi, quand c'est trop flashy, je prends ça moins au sérieux, je n'ai plus la même énergie pour bichonner.

— Pas question de revenir à l'époque de la lessiveuse de grand-mère, rétorque Deborah, qui pense que les nouveaux outils lui font gagner du temps et de l'énergie.

Son dernier coup de cœur ? Un brumisateur à air pulsé qui efface les taches de vin rouge et blanc en quelques secondes.

Quel que soit le style choisi, la plupart des femmes visent avant tout le propre : sols brillants, linge nickel, des surfaces nettes en un clin d'œil. « Aujourd'hui, les consommatrices recherchent le nirvana de la propreté », confirme Frédéric Facca, responsable du département des études consommateurs chez Procter & Gamble. Pourquoi s'exprime-t-il au féminin ? « Le patron à la maison reste la femme », affirme-t-il sans détours.

Leur demande ? Elle tient en deux mots : elles veulent « des produits qui lavent ». Exit donc les « trois en un ». Dans l'armoire type de la ménagère, un produit de base d'excellence, style Monsieur Propre, côtoie toute une panoplie de produits hyper spécialisés : anti-calcaire, spécial entretien des surfaces fragiles, bois, marbres, parquets cirés, parquets bruts. « C'est incroyable ! Nous n'avons rien proposé, ce sont les consommatrices qui nous l'ont demandé. » Et puis il faut que « Ça agisse en profondeur », comme pour les cosmétiques. Que ça décrasse, mais aussi que ça empêche les saletés de revenir et les joints de carrelages de jaunir !

Les marques *cleaning* de performance ont le vent en poupe. L'idée étant que le ménage ne soit plus une « corvée » fatigante et réservée aux gros bras. Plus question d'avoir à refaire une machine ! Finie la fatigue ? Peut-être pas totalement, mais aujourd'hui, il est certain qu'on peut arriver au résultat avec des solutions plus faciles et agréables.

Les produits doivent non seulement agir sans qu'on ait besoin de frotter mais aussi dégager de bonnes odeurs. Car, c'est bien connu, les Françaises ont la palme d'or au palmarès de l'olfaction. Tout en recherchant un maximum d'efficacité, elles apprécient de ressentir un certain plaisir, une exaltation des sens. Guerlain, Dior, Chanel au rayon produits ménagers ? On n'y est pas encore. Mais voici quelques réflexions entendues ici et là :

Céline : « Moi j'utilise "fête des fleurs". Le flacon vert a du muguet. Le parfum reste bien. »

Lou : « Le nettoyant multi usages à l'amande de chez X est très bien. Il sent bon et c'est doux, pas entêtant. »

Dominique : « Récemment j'ai découvert un "nettoie tout" à la lavande. Ça sent la vraie lavande pendant au moins trois jours. »

Dans certains cas, la lessive évoque les bons souvenirs, et derrière les nouveaux packagings, la fidélité aux marques est là. Laure nous fait remarquer qu'elle continue à préférer la lessive de sa mère. Sous forme de mini-capsules ? Peu importe. L'odeur lui rappelle « la maison ».

Le côté esthétique et ludique défie lui aussi la menace de la saleté. Posés devant le mur en briques, les flacons de détergents ressemblent à des statues du MoMA de New York. Les désodorisants ne déparent pas des vitrines de la place Vendôme. Au rayon des ustensiles ? On est aux antipodes de Cosette. Les serpillières semblent venues des bureaux de design les plus inventifs. Les balayettes sont tellement pratiques et minimales qu'on se demande presque pour quelle mission spatiale elles ont été conçues. Exposée au-dessus du réfrigérateur, cette brosse à récurer dorée en forme d'antilope ne conjure-t-elle pas à jamais la malédiction liée aux miettes ?

Sans doute l'avez-vous remarqué. Depuis quelques années fleurissent un peu partout de nouvelles boutiques « art de vivre », qui changent le look de vos corvées jusqu'aux sacs poubelles... À La Chaise longue, dans le quartier du Marais, à Paris, on trouve ainsi des grands balais tournesols, des plumeaux colorés qui épargnent les courbatures grâce à leur manche télescopique, des chasse-miettes qui évitent de se baisser. Ces gants *flower power* vous donnent envie de faire la vaisselle, tout comme ces tabliers de jardin ou ces brosses rigolotes qui animent l'évier. Une vendeuse confie : « Les clients apprécient nos objets pour leur côté fun, parce qu'ils sont décoratifs et qu'on n'a pas besoin de les ranger. »

Mais la vraie révolution a lieu du côté du petit électroménager. Le marché du « fait maison » explose avec une foule d'appareils « coups de cœur » exposés avec fierté dans les cuisines. C'est le grand retour des yaourtières, des friteuses, qui font des frites et des yaourts meilleurs que grand-maman. « Je n'aurais jamais imaginé ça ! En dix ans, les voyages et les chèques Darty ont remplacé les traditionnels cadeaux de mariage en arts de la table », s'étonne Pauline d'Orgeval, fondatrice de 1001 Listes. Jolis, ludiques, les petits robots ménagers ne tournent jamais au gadget. Les mixeurs plongeants en inox se posent directement sur le plan de travail et n'ont rien à envier aux ravissantes cafetières qu'on croirait issues de l'orfèvrerie de luxe. Les gamelles, quant à elles, sont à puces, et qui sait si demain elles ne nous enverront pas un MMS pour prévenir que c'est cuit ? Dans leur coin, les aspirateurs silencieux et légers, beaux comme des sculptures vivantes, se sont enfin libérés de leurs sacs encombrants.

Du côté des gros appareils ? On veut avant tout de l'efficace, même si le look et l'ergonomie attirent de plus en plus. Avec leur faible encombrement et leur gros œil en signe de grande contenance, les machines à laver assument tout jusqu'à l'essorage parfait. Quels que soient les textiles, et même en fonction « sport » ou « rapide », elles rendent un linge impeccable. Les sèche-linge ? Ils ont enfin surmonté leur handicap de rendre le linge « en boule ».

Côté repassage, les centrales vapeur à très haute pression hydratent en profondeur et défroissent en un seul passage. Un peu lourdes à manier, elles ne présentent pas pour autant une menace envers les fers à repasser, légers, colorés, agréables à regarder avec leur pointe effilée et leurs niveaux d'eau, dont la vapeur s'échappe comme d'une cocotte des gros trous de leurs semelles.

Les frigos visent eux aussi un encombrement minimum pour un stockage énorme, avec en prime de nouvelles solutions de rangements pour colocataires ou familles nombreuses.

Toutes ces machines sont d'une simplicité enfantine : boutons accessibles, voyants lumineux, affichage de durée du lavage, indicateurs de niveau d'eau. Elles se glissent facilement partout grâce à leurs portes réversibles.

Le silence est d'or… Aussi l'électroménager fait-il aujourd'hui moins de bruit qu'un chat qui ronronne. « Nous avons constaté que le critère "efficacité" n'était plus suffisant. Beaucoup de clients ont des enfants en bas âge, qui dorment au moment où ils aspirent ou font tourner les machines », explique Victor Massip, designer pour Rowenta. Est-ce la raison pour laquelle le Swiffer, petit frère du balai, gagne la sympathie des jeunes ? Ses lingettes magnétiques permettent de capter la poussière jusqu'au plafond, et son succès est déjà confirmé en Espagne et en Allemagne.

Enfin, attrait non négligeable, les nouveaux engins se programment à distance, souvent la nuit. En plus de l'économie, on gagne en prime le sentiment réconfortant de participer à la sauvegarde de la planète. Dans un même esprit, on flashera sur les babioles électroniques, comme ces capteurs qui permettent de réutiliser l'eau du rinçage si elle n'est pas trop sale.

Toutes ces merveilles font partie des « must » de la maison. Comme l'ordi ou le portable, l'aspect esthétique joue beaucoup : formes arrondies, intérieurs lumineux, touches cachées dans les couvercles, poignées stylées. Le design est devenu la clé de la réussite. Alors qu'il y a seulement quelques années on se rendait en magasin choisir parmi les quelques machines sélectionnées par les distributeurs, aujourd'hui on se retrouve seul face aux centaines de propositions d'Internet. Laquelle choisir ? « On sait qu'il faut au minimum trois secondes à une personne pour se décider. De ce fait, le rôle du design est capital : il doit exprimer la force, rendre visible d'un coup d'œil l'innovation », explique Pierre Garner, designer chez Elium Studio. Aucun détail n'est laissé au hasard, et les couleurs sont soigneusement choisies et étudiées selon les traditions des pays. Ainsi les Espagnols apprécient les aspirateurs rouges (comme la corrida ?) ; les *British* affectionnent les fers noirs et inox brossé. Les Français se distinguent eux par des camaïeux raffinés, des tons à base de rosé, de violet ou vert d'eau. Remarquons tout de même que le blanc reste largement majoritaire et continue à désigner le summum de l'hygiène.

Le point de vue d'une experte

Entretien avec Valérie Pascal,
animatrice vedette de M6 Boutique

« Les téléspectatrices adorent les démos », lance Valérie Pascal en souriant. Nous avons voulu connaître le point de vue de l'ex-Miss France sur les goûts des millions de consommatrices qui lui téléphonent chaque jour.

Ce que veulent les acheteuses ?

« Les femmes demandent des produits un peu tout en un ou multifonctions, qui simplifient la vie, comme notre nettoyeur-vapeur très performant qui connaît un grand succès. Il met aussi bien à neuf les sols durs, les tapis, les sanitaires, les plaques de cuisson, les joints de carrelage. »

Du côté de la cuisine, que se passe-t-il ?

« Il y a un petit retour à la cuisine saine et rapide », souligne l'animatrice. Jamais les robots qui permettent de faire des pâtes fraîches, les blenders pour faire les soupes, les centrifugeuses pour les jus de fruits frais n'ont connu un tel succès.

Contrairement aux tendances des GSM [1], sur M6 Boutique on aime les produits ménagers à connotation écologique à base d'enzymes, biodégradables. Comme la désormais célèbre « boule magique », composée de petites billes en céramique qui permet de laver son linge tout en protégeant l'environnement.

Les acheteurs masculins sont-ils de la partie ?

« Visiblement, les femmes tiennent à garder leurs prérogatives dans ces domaines », assure l'animatrice. Cela ne préjuge pas de l'avenir. Le téléachat a le vent en poupe. Pas besoin de faire la queue où de connaître le mode d'emploi à l'avance. Confortablement installé devant son poste, on peut regarder plusieurs fois la démonstration et savoir si elle répond à nos attentes. Ensuite, il suffit d'un « clic » sur l'ordinateur pour commander et être « satisfaite ou remboursée ».

1. Grandes et moyennes surfaces.

18

Plongeons dans l'inconscient

« Une place pour les rêves.
Mais les rêves à leur place. »

Robert Desnos

Un espace surchargé de meubles peut cacher une personnalité troublée, introvertie. Un appartement lisse comme la main est sans doute habité par un mystique ou un révolutionnaire. Une salle de bains négligée est probablement le fait d'une personne mal dans sa peau. Ces réflexions banales que l'on trouve dans les tests pour bords de plage ne sont pas si farfelues qu'elles peuvent le paraître. Et la nécessité de faire « place nette » cache souvent des raisons complexes.

Dans son livre *L'Inconscient de la maison*, le psychanalyste Alberto Eiguer montre comment l'être humain construit ses rapports à l'espace qui l'entoure d'après sa « topologie interne ». La façon d'en prendre soin est tout aussi éloquente. Avez-vous le coup de balai large et généreux ? Le serrez-vous de près par petites touches pour aller jusqu'au moindre recoin ? Passez-vous les assiettes sous l'eau avant le lave-vaisselle ? Disposez-vous les canapés face à face, en angle, ou éloignés ? Votre ménage dit tout de vous et de votre envie d'aller vers les autres ou au contraire de rester seul(e) dans votre coin. « Mon ménage, c'est moi », affirme Edwige, balai en mains. Selon Alberto Eiguer, enlever la poussière peut aussi signifier qu'on veut rester jeune : « Il faut réfléchir sur le sens d'enlever la poussière », nous a-t-il précisé, « … car la poussière témoigne du temps. On a donc l'impression que la maison est dans un présent continu. Il y a des personnes qui ne supportent pas le vieillissement, alors elles nettoient tout le temps. » Ajoutez à cela le soin particulier que vous portez à certaines pièces de votre maison (voir encadré p. 196) et vous aurez un cocktail des raisons qui animent votre ménage.

Le corps à l'œuvre

Mais n'oublions pas que c'est avant tout la relation au corps qui est en jeu dans les tâches ménagères. Les gestes, les vêtements, l'énergie, la morphologie sont à l'œuvre. Au fil des années, les déplacements dans la maison deviennent un automatisme. Presque plus besoin de volonté. Avec le simple plumeau ou le robot électronique, la bataille est gagnée d'avance ! D'autant plus qu'on peut doser les fréquences, ralentir le rythme pour passer un coup de fil, prendre un café : le ménage s'accommode de tous les contextes psychiques. Le corps retrouve dans ces activités un équilibre, souvent malmené à l'extérieur. Quelle plus belle récompense peut-on lui offrir après des heures de bureau et d'allers et retours coincés dans le métro ? Un intérieur qui va se soumettre, lui, à la loi du bien-être et de l'harmonie.

En toute connaissance de cause, chaque partie de l'habitation est chargée d'affection, de mémoire, d'anciennes discussions, de moments intenses que « réveille » notre ménage. Le moindre objet, meuble, bibelot, renvoie de façon consciente ou non à un souvenir, agréable ou pas. Une ancienne lettre d'amour retrouvée soudain au fond d'un placard, une statue subitement cassée font voler en éclats nos pensées du moment, nous ramenant quelques années en arrière. Vers un paradis perdu ? Vers un enfer pas toujours oublié ? Baudelaire disait que le génie, c'est l'enfance retrouvée à volonté. La peur de grandir, ou mieux, le mal-être de l'adulte, fait-il du ménage un paradis retrouvé à volonté ? Inconscient ou pas, l'important est bien que les tâches ménagères s'accordent avec nous-mêmes. Ce qui se révèle parfois difficile.

Trop, c'est trop !

Certaines de nos interviewées se plaignent de ne pas parvenir à un équilibre satisfaisant. Leurs exigences sont telles, parfois, qu'elles disent ne plus pouvoir supporter le moindre désordre : vêtement qui traîne, miettes sur la nappe, coussin du canapé un peu de travers. Ces peccadilles sont quotidiennement source de conflits. Léo confie lors d'une enquête sur le « partage des tâches » dans un grand quotidien : « La vérité, c'est que beaucoup de femmes sont perfectionnistes et repassent derrière le mec censé avoir saboté le boulot. Par exemple, je ne prends pas des heures pour repasser des sous-vêtements et descendre une poubelle à moitié vide, et ça choque ! » Certaines femmes sont, bien sûr, conscientes de leur exagération. Ghislaine, sur Internet : « Sûr qu'on est chialeuses ! Rien n'est jamais assez clean ni bien rangé à nos yeux. »

Entre « ménagères heureuses » et « éternelles insatisfaites », la frontière est parfois étroite.

Faites-vous partie du peloton des ménagères au nirvana ou de celles qui rongent leur frein en entendant la cocotte siffler ? Écoutons des témoignages révélateurs à ce sujet.

Évelyne, native de Tripoli, est très engagée auprès des femmes handicapées. Cette brune au corps d'odalisque ne mâche pas ses mots sur la question : « Vous en connaissez, vous, des femmes qui prennent plaisir à faire le ménage ? Ce sont des choses nécessaires qu'il faut assumer, notamment quand on a des enfants. » D'une voix monocorde, elle égrène son emploi du temps de femme au foyer. Levée à l'aube, la routine est toujours la même. Les deux salles dc bains, les WC, la cuisine. « Quand ils se lèvent, tout est impeccable », dit-elle. Et ça continue une fois les enfants partis à l'école. Sept jours sur sept. Faut-il en pleurer, faut-il en rire ? Évelyne ne sait pas elle-même : « Le problème est que j'en fais peut-être un peu trop. Mais c'est plus fort que moi. » Elle nous confie que rares sont les repas où elle reste assise à table, au grand dam de sa famille.

Elle n'a pas souhaité évoquer devant nous les raisons de son attitude forcenée. À travers ses réticences, on perçoit une amertume liée au passé, une immense déception, sans doute due à son éducation et à un mariage décevant.

Que cache Judith, gérante d'une boutique de vêtements dans un quartier touristique de Paris, sous sa nature exubérante et sa propension à discuter de tout et de rien avec ses clientes ? « Quand je rentre chez moi, jamais avant vingt et une heures, maniaque comme je suis, je n'enlève pas mon manteau ni mes chaussures. Comme je sais qu'ils ont dîné, je me mets tout de suite à balayer. » Son souci de sa maison est constant. Elle veut que « les choses soient parfaites ». Et sa famille ? Peu importe si elle les entend dire, de loin, le soir quand elle rentre : « Il faut se dépêcher, elle arrive, si tout ne brille pas ce sera le clash ! »

Le ménage, une compensation qui ne dit pas son nom ? Chez certaines femmes, il s'y mêle un sentiment de compétition non avoué. De quel ordre ? S'il y a eu des inégalités physiques, des rivalités de tout ordre avec la mère ou une sœur, face au divan qu'on retape, au lit qu'on refait au carré, on doit être la meilleure.

Régler ses comptes avec sa mère par balai interposé, c'est possible. Anna confie : « Ma sœur est une parfaite maîtresse de maison. Est-ce une façon de se rassurer ? Enfant, elle était totalement effacée entre maman et moi. » Comment expliquer un tel perfectionnisme ? Voici la version du psychothérapeute Patrick Estrade :

« Ressentant le décalage entre ce qu'elles sont (des personnes vraiment très bien) et ce qu'elles ressentent d'elles-mêmes (un sentiment de nullité absolue), certaines femmes s'efforcent de donner le change en faisant de la maison une vitrine. »

Dès lors, l'important est de repérer la limite à ne pas dépasser. Comment savoir si on exagère ? L'entourage joue souvent un rôle de clignotant : « Un jour, confie Estelle, j'ai fini par prendre au sérieux les réflexions de ma belle-mère. » Direction le cabinet du psychothérapeute. Résultat : une prise de conscience du côté néfaste de son attitude, non seulement pour son couple mais aussi pour les enfants. Comment leur imaginaire pourrait-il s'épanouir dans une ambiance de clinique ?

Les raisons qui insupportent face à une maison mal tenue (même si c'est faux) ne sont pas très claires à définir pour celles qui culpabilisent. Le ménage fonctionne selon une sorte de mise en scène dont les étapes sont connues : la tenue vestimentaire, la façon de se mettre au travail, le soin privilégié accordé à telle pièce. Tous ces actes dictés par le bon sens peuvent ouvrir des portes fermées depuis très longtemps dans l'esprit et les souvenirs. De façon naturelle, chacun(e) est renvoyé(e) à sa petite enfance : « Cette occupation peut refléter la satisfaction que ressentait l'enfant quand il faisait plaisir à sa maman en contrôlant ses sphincters ou en rangeant bien sa chambre. Ou bien la peur qu'il avait de lui déplaire », explique la psychologue Nadine Labbé.

Aline apporte un témoignage pertinent : « Toute petite, ma mère me faisait la guerre pour que je range mes jouets, sanctions à l'appui. J'ai grandi avec une volonté de rébellion contre ce que j'estimais être de la maniaquerie de sa part. » Elle continue en disant qu'une fois mariée, elle a eu la terreur que son couple ne résiste pas à son indifférence au désordre. Elle a fait de sa maison un musée, attendant au garde-à-vous tous les soirs les compliments de son compagnon. Heureusement, une discussion approfondie, un soir de déprime, a remis les choses à leur place. Pour un temps.

« Comme une envie de manger des fraises »

Car, quand les enfants arrivent, la volonté de garder une maison impeccable prend un tournant irréversible[1]. À peine sortie de l'échographie, Aline n'aura sans doute plus qu'une idée fixe, comme nombre de femmes : faire un nid tout propre pour l'arrivée de son bébé. Un vieux réflexe qui remonte aux cavernes ? Peut-être pas. Mais la raison n'est pas toujours là pour expliquer cette réaction : « Ça m'est venu comme quelque chose de soudain, exactement comme l'envie de manger des fraises pendant que j'étais enceinte », se souvient Éliane. Elle précise qu'auparavant, elle n'en avait vraiment rien à faire que ce soit propre et que, dès le troisième mois de grossesse, elle est devenue une fée du logis. Éliane se rappelle même avoir un jour jeté les affaires sales de son mari par la fenêtre ! Depuis cet heureux temps, elle a gardé la même exigence, avec moins d'intensité tout de même.

Comment les psychanalystes interprètent-ils ces rapports entre la grossesse et le ménage ?

---

1. L'enquête Ined 2009 confirme que l'arrivée d'un enfant accentue le déséquilibre du partage des tâches.

Selon eux, nettoyer la maison pour le bébé à venir, c'est concrétiser le lien entre la mère et son enfant. Plus rien ne pourra les séparer. Nous abordons là une nouvelle notion qui est celle de l'affectivité dans les tâches ménagères. Faut-il aimer pour avoir envie de faire une maison propre ? Autrement dit, une maison sale annonce-t-elle un manque de profondeur dans la relation affective ?

Alors qu'« avant », on se livrait un peu au rangement ou au nettoyage comme à un jeu, à l'instar de l'enfant qui joue à « faire la grande », jour après jour, il semble peu à peu impossible de lâcher le balai et les responsabilités qui vont de pair. « Faire le ménage pour son enfant, c'est un acte de reconnaissance, tout comme le fait de jouer avec lui, c'est une façon de lui dire : "Je suis ta mère, tu es mon fils" », précise Alberto Eiguer. La dimension affective a bien son mot à dire dans le ménage. Le psychanalyste poursuit : « S'occuper des soins corporels ou des tâches de la maison est une forme de don d'amour. Si son compagnon se désintéresse des questions de propreté, par fierté virile souvent, la femme peut en faire son territoire. » Qu'il ne vienne pas se plaindre ensuite que sa compagne occupe tout l'« espace de la maison » et qu'elle attire toute l'attention des petits !

Attention aux risques d'enlisement. Le danger est de raviver subrepticement l'image idéalisée de sa mère aux yeux de son compagnon.

Certaines femmes, après une naissance, ne s'y laissent pas prendre. Elena évoque son sentiment de nostalgie pour sa liberté perdue : « Tous les jours, je me sens un peu obligée de rendre la maison nette pour ma petite famille. J'y trouve du plaisir, bien sûr, mais pas toujours et sûrement moins que lorsque j'étais célibataire et que je faisais le ménage pour moi toute seule. » On peut se demander si finalement, la part de plaisir solitaire que l'on éprouve à faire ses petites corvées n'est pas diminuée par la contrainte, même inconsciente, exercée par la vie de famille.

La symbolique des lieux

Au palmarès de l'inconscient, chaque pièce révèle une part latente de notre personnalité.

La cuisine est considérée depuis toujours comme le « ventre de la maison ». C'est là qu'on concocte de bons petits plats, qu'on stocke la nourriture et qu'on dîne, bien souvent. Elle renvoie donc à la relation fantasmatique entretenue avec la mère. Ouverte, bien entretenue, elle est l'expression d'une personnalité accomplie.

Si votre salon ne supporte pas le moindre désordre, c'est que vous n'êtes pas très expansive. Lieu de discussion, cet espace révèle votre capacité à communiquer. Clair, bien aéré, avec de larges canapés, il montre une ambiance détendue, une ouverture sur les autres. Sombre et encombré, il est le fruit d'une personnalité plus secrète.

Lieu d'intimité par excellence, la chambre exprime le sommeil, la féminité, la rêverie, les câlins. Un espace net est signe d'épanouissement, d'acceptation de la sexualité avec l'autre. Tandis qu'à l'inverse, une chambre négligée, triste, trahit une confusion dans les sentiments, l'angoisse inconsciente du rêveur. Le cinéma, d'ailleurs, aime dramatiser ces espaces où le protagoniste, en pleine crise existentielle, n'a plus goût à rien et semble oublier le désordre (*Un homme qui dort* de Georges Perec).

Enfin, la salle de bains est le lieu de l'eau, symbole des sentiments et de l'inconscient. Elle représente la relation au corps, notamment avec la sexualité. Elle symbolise aussi notre capacité à nous ressourcer. Une salle de bains agréable est le signe d'un bon rapport à soi-même et à ses désirs.

19

Plumeaux et pinceaux

> « L'art lave notre âme de la poussière du quotidien. »
>
> Pablo Picasso

Comme beaucoup de spectateurs, sans doute avez-vous été captivé(e) par le film *Séraphine*, récompensé par sept Césars. Le livre permettait déjà de s'imaginer cette destinée extraordinaire. Femme de ménage le jour, peintre la nuit, Séraphine disait qu'elle puisait la force de sa peinture gaie, très colorée, dans ses « travaux noirs ». Trouvait-elle ses pigments dans l'eau de la rivière où elle lavait le linge ? Nul ne le saura jamais, comme le dit si bien Violette Leduc : « Ce nom, ce prénom, sont la graine de génie de la mystérieuse qui peignait repliée dans son réduit après le lessivage, le repassage, l'encaustiquage, le bain des mains dans l'eau de vaisselle, qui est partie avec le secret de sa technique. »

Rares sont les femmes de ménage artistes. Mais nombreux sont les peintres qui se sont intéressés à l'univers des travaux domestiques. Si, dans le quotidien, ces derniers ont une connotation négative de saleté, de pauvreté, de servitude, sous le regard et l'imagination des peintres ils sont loin d'être aussi anodins qu'on veut le croire de prime abord. Ce léger flashback au pays des toiles ménagères vous donnera une idée de leur évolution.

Au Moyen Âge, des miniatures comme les *Très riches heures du duc de Berry* montrent des femmes du peuple passant leur balai de brindilles sur les sols en terre battue de masures sans fenêtre. On voit aussi des servantes perdues au milieu des mosaïques de palais glacés. Dans les grandes pièces, les meubles – coffres, huches, bahuts de bois massif – les obligent souvent à une position accroupie ou à genoux. Richement vêtues, elles apparaissent ailleurs à l'arrière-plan de scènes aristocratiques, frottant les sols ou s'occupant des atours de leurs maîtresses (*Vénus d'Urbino*, Titien, 1538).

Il faudra attendre le XVIIe hollandais pour qu'enfin les peintres accordent leurs lettres de noblesse aux gestes et aux objets de la vie domestique. Le confort, jusque-là plutôt méprisé par les nobles, fait son entrée dans les maisons avec l'arrivée au pouvoir de riches marchands et de banquiers. Il est encouragé par la religion protestante qui, contrairement au catholicisme, valorise la réussite financière et économique. De la riche demeure à l'humble chaumière, une maison bien tenue, c'est une maison moralement saine. Ce que les peintres traduisent avec un luxe de détails inédit jusqu'alors. Les lumières du soleil hollandais déterminent l'atmosphère sublime des œuvres d'artistes tels que Elinga, De Hooch ou Hoogstraten. Là, dans des scènes naturelles, mais codifiées par le bon goût, le ménage est effectué par une servante sereine, richement vêtue, alors que la maisonnée vaque à ses occupations. Pour renforcer la notion de rigueur, on situe les personnages sur un sol carrelé, vu en perspective. Les lignes droites déterminent tous les détails. Le décor accuse la nécessité d'un ménage complet. Ces scènes de la vie banale sont valorisées avec des tons et des couleurs empruntés aux scènes bibliques : le ménage participe à la bonne marche du monde !

Johannes Vermeer excelle dans cette façon de scruter le quotidien le plus anodin. Il lui donne un éclat inhabituel. Dans *La Lettre d'amour* (1669), le balai, au premier plan, affirme sa dimension secrète et calme de « rappel à l'ordre ». Debout derrière le fauteuil de sa maîtresse, une servante à l'assurance un peu hautaine attend que celle-ci se remette du message qu'elle lui a porté. La symbolique dans le tableau maritime au-dessus des deux femmes explique qu'il s'agit d'une lettre d'amour. Placé au premier plan, le balai apparaît comme l'instrument du rappel à l'ordre : il faut faire le ménage, balayer le chaos sentimental qui anime la dame. Le temps semble suspendu dans un décor impeccable.

Le risque serait d'oublier un aspect capital de la vie des femmes représentée en peinture. Jusqu'au début du XXe siècle, les tâches ménagères ne sont pas « rigolottes ». L'eau est difficile d'accès. On la stocke dans des citernes pour les plus aisés, ou on l'achète au porteur. Il faut aussi monter, descendre le bois et le charbon. Frotter les parquets à genoux, lessiver à grande eau, nettoyer à la main les tentures et repasser tout le linge avec plusieurs fers successifs très lourds et brûlants. Les peintres qui choisissent de montrer ces corvées plutôt que les glorieuses scènes d'histoire sont rares. À travers leurs peintures, on les sent captivés par la grandeur d'âme du peuple. Ainsi *La Blanchisseuse* de Jean-Siméon Chardin ne cherche pas à apitoyer. Une maman lave son linge dans un grand tonneau pendant que son fils fait des bulles, allégorie chrétienne de la brièveté de la vie. Quelques années plus tard, les lavandières de Boucher et Fragonard auront un air gai, voire coquin, règne de la Pompadour aidant.

L'intérieur bourgeois aux commandes

En France, c'est au XIXe siècle que les tâches domestiques deviennent un sujet majeur pour les peintres. Une riche clientèle, qui se délecte dans un mode de vie luxueux, commande des tableaux de prix à des artistes célèbres.

Sargent, Whistler, Pissarro, Van Gogh ne se lassent pas de peindre ces intérieurs remplis d'objets à la mode, bibelots, miroirs, cadres, billards, poufs, bibliothèques... Impossibles à garder propres sans la contribution permanente des gens de maison. Les servantes sont également des éléments de « faire-valoir ». Elles apparaissent parfois même plus avenantes que leurs maîtresses, trop occupées à recevoir, engoncées dans leurs vêtements volumineux.

C'est l'époque des nouvelles fortunes, des grands magasins. Le Bon Marché, la Samaritaine font leur apparition. On découvre les nouveaux plaisirs des arts ménagers. Les catalogues diffusent cette façon de vivre dans toute la France. On retrouve l'existence que dépeignent Maupassant dans *Bel-Ami* et Zola dans *Au Bonheur des dames*.

L'image de rue, à l'origine de nos affiches publicitaires, codifie le mode de vie de la parfaite ménagère. Le peintre Jules Chéret, « Watteau des rues » pour Monet, dessinera un millier d'affiches vantant les mérites de tel ou tel accessoire ou produit domestique. Ses femmes bondissantes, sveltes, sont des modèles pour les femmes du peuple qui se veulent à la mode en dépit de leurs faibles ressources. Toujours vues de dessous, ses « chérettes » évoluent dans une atmosphère de jeunesse éternelle au milieu de couleurs vives.

Comme le montre parfois Degas, les femmes au travail sont aussi de bonnes copines, solidaires dans leur métier. Ses « repasseuses » illustrent comment cette simple pratique devient tout un rituel. On a la hantise du faux pli, tandis que le pli voulu, authentique et travaillé, devient une nécessité avant d'aller aux courses, au cercle ou, tout bonnement, au bureau.

Un des derniers fans de la parfaite ménagère dans l'histoire de l'art ? L'Américain Courtney Curran. En 1887, il réalise ses lavandières en train d'étaler leur linge à plein vent dans les champs (*A Breezy Day*). Plus tard, ce sera une petite fille bon chic occupée à laver sa dînette (*Washing dishes. Emily and her tea set*, 1937). Ces deux images signeront, à leur façon, la fin d'une époque.

Peu à peu les techniques évoluent. Survient le triomphe des Arts ménagers, où se pressent les foules américaines, puis européennes. Au royaume des illustrations, peu de temps avant, le ménage avait été célébré de façon inattendue. Avec ses photos extraordinaires, entre art et science, un précurseur du cinéma, Eadweard Muybridge, décompose le mouvement des corps. Ses modèles ? Ce sont parfois des femmes nues qui, jouant devant l'objectif, se poursuivent des balais à la main, ou jettent des seaux d'eau (supposée sale) durant d'innombrables séquences en noir et blanc aux multiples gestuelles. Gagner du temps, voilà ce qui importe ! Moins porté sur la bagatelle, un certain Henry Ford n'aura plus qu'à appliquer la décomposition des images des salles obscures dans ses usines. L'ère du ménage moderne est née. Sur les affiches publicitaires, pin-up et baby dolls manient avec plaisir les nouveaux aspirateurs et fers à repasser. Les artistes américains ne tarderont pas à faire du mythe de la femme libérée et de la consommation à outrance leur sujet de prédilection…

Société standardisée, objets sacrés ?

L'« *American way of life* » va subir l'assaut d'un génie plastique, venu de l'Est. Dans les années 1950, Andy Warhol peint ses fameuses *Campbell's Soup Cans* : trente-deux toiles représentant chacune une variété des fameuses conserves. L'idée ? Décrier la consommation de masse à tout prix tout en présentant l'art comme un simple produit à consommer : éphémère, jetable, bon marché.

Plus tard viendront les caisses de Brillo en carton, une poudre pour faire briller les couverts, institution aux USA depuis 1913. On connaît la suite. Les mythes de la société de consommation, ainsi questionnée, ne tarderont pas à subir les critiques de nouveaux créateurs. D'autres artistes du pop'art sont en première ligne.

Roy Liechtenstein, qui a sacralisé la BD à la même époque que Warhol, règle son compte aux intérieurs bien sages de l'« *American way of life* ». Après, l'Islandais Gudmundur Gudmunsson, dit Erro, établi à Paris, tournera en dérision l'image de la ménagère US avec ses collages. Le regard devient féroce. Plus question de pin-up avec ces guérilleros cubains sortant de baignoires récurées par des mamies bedonnantes en tabliers et bigoudis dans des décors flashy et kitsch.

En France ? Pas en reste, les nouveaux réalistes, fédérés par le critique Pierre Restany, exploitent avec violence les excès et les contraintes du progrès technique. Arman et ses poubelles, Niki de Saint Phalle et ses chiffons, Spoerri et ses tableaux-pièges dénoncent une société d'abondance bientôt enfouie sous les déchets. Le ménage est bien sûr une source d'inspiration pour les plasticiens modernistes, qui prônent la révolte contre le formica et ses espaces sans âme. En 1961, Martial Raysse fait avec *Étalage de Prisunic, hygiène* une installation scandaleuse pour l'époque. Le marchandisage y est moqué sans ménagement. Cette stèle, avec des objets en plastique, mélange tous les attributs de la ménagère type des *sixties*, devenue une esclave de ses produits d'entretien et autres balayettes. L'artiste récidive avec son *Oiseau de paradis*, constitué de bouteilles en plastiques multicolores, d'un balai-brosse et d'un égouttoir. Rien d'étonnant à ce que Mai 68 se produise quelque temps plus tard. Avec lui, la volonté, entre autres, de libérer les femmes du joug ancestral des tâches ménagères.

Une fois les querelles d'idées apaisées, le *ready-made*, cette invention de Marcel

Duchamp des années 1930 visant à sacraliser les objets par le simple fait qu'on les exposait, revient dans l'actualité. Autour des années 1980, un ancien trader à Wall Street, Jeff Koons, réadapte les travaux de l'« artiste aux élevages de poussière » en montrant des aspirateurs, balais modernes, sous des vitrines, et des batteries de casseroles suspendues sur une corde.

Que dire de la maison, célébrissime, de Jean-Pierre Raynaud, entièrement carrelée de blanc du sol au plafond, spartiate, où pas une poussière n'existe ? Une ode à la propreté éternelle ? Le symbole d'une société-laboratoire régie par les industriels et les militaires ? Il prendra la décision de la détruire en 1993, et ses débris continuent d'être exposés dans des poubelles chirurgicales. Ce qui est sûr, c'est que les œuvres de ces artistes témoignent, chacune à leur façon, de l'arrivée du ménage moderne où le plastique et l'aluminium, jetables, triomphent du bois, donnant lieu à un nouvel élan commercial et à la naissance des supermarchés.

Mais que devient le balai, millénaire, anodin, figurant dans nombre de tableaux populaires des artistes de l'Ancien Régime ? Il ne disparaît pas pour autant avec le triomphe de la technique. Robert Filliou est un poète plasticien qui a voulu abolir la frontière entre vie et art. Dans *La Joconde est dans les escaliers, balai, serpillière, seau et carton* (1969), il cherche à désacraliser Mona Lisa en la rapportant à une activité tout à fait triviale. Brosse, seau, serpillière : la réalité vient parasiter l'icône de Léonard au point de s'y substituer. Modifier notre regard, le guider à nouveau dans la rugosité du quotidien, tels sont les objectifs de cet artiste inclassable.

L'instrument de nos grands-mères inspire toujours les avant-gardistes les plus radicaux contre vents et marées. Son frère jumeau en cuisine, le savon, a les faveurs d'un autre créateur contemporain starisé, Fabrice Hybert, adoubé en 2011 par Bercy avec sa *Balance*, symbolisant l'Europe. Son savon géant de vingt-sept tonnes réalisé dans les années 1990 a fait la une de tous les médias. En nos temps de retour à la tradition, l'Italien Maurizio Cattelan, adulé de collectionneurs comme Pinault pour son scandaleux *Pape écrasé par une météorite*, rend hommage à Filliou et toute la cohorte des balais des siècles passés. Très attendue par le public, son installation *Coup de balai* consiste en un simple balai posé contre une toile blanche.

De la toile blanche à la page blanche, il n'y a qu'un pas et nombreux sont les écrivains qui se sont penchés sur les tâches ménagères.

20

PAROLES DE MÉNAGE

À votre avis, quel est le métier de l'une des héroïnes les plus célèbres de la littérature mondiale depuis des siècles ? On la retrouve partout, en Chine, en Afrique, en Europe. À l'Opéra, dans la danse, dans les dessins animés. Ce n'est ni une fée, ni une reine, ni une artiste, c'est une simple femme de ménage : Cendrillon.

Le mythe de la jeune orpheline condamnée par sa méchante belle-mère a fasciné des générations de petites filles dans le monde entier. Cendrillon doit subir le rite de passage des tâches ménagères avant d'accéder au bonheur. De plus, elle devient une magnifique jeune fille, comme si son corps avait été façonné par ses travaux quotidiens.

En dehors des contes, dans la littérature classique, et notamment les pièces de théâtre, les tâches ménagères sont présentes par le biais des servantes. Entièrement dévouées à leurs patronnes, elles vont montrer, au fil du temps, qu'elles n'ont pas pour autant oublié leur langue dans les placards.

Les plumes de Lamartine et de Flaubert sont parmi celles qui nous éclairent les premières sur les sentiments de ces femmes anonymes qui manient le balai dans l'ombre de leurs maîtresses.

Geneviève par exemple, l'héroïne de Lamartine, prend un jour conscience de sa transparence : « On me regardait de mauvais œil avec des airs moqueurs ; personne ne me parlait [...] Et puis on riait, on riait tout autour de moi, comme si on avait parlé de quelqu'un qui n'était pas là. »

La Félicité de Flaubert (*Un cœur simple*) est une servante innocente et dévouée qui continue toute sa vie d'aimer. Les enfants de la famille (avec interdiction formelle de les embrasser), son neveu Victor (qui disparaît très vite), son perroquet Loulou, qui meurt et qu'elle fait empailler, et qu'elle finit, en mourant à son tour, par confondre avec le Saint-Esprit.

Dans un registre plus politique, Zola nous fait pleurer, en dénonçant les conditions de vie misérables de ces femmes. Adèle dans *Pot-Bouille*, mal logée, mal nourrie, travaille sans répit et, comme beaucoup de filles, tombe enceinte d'un homme de la maison et accouche seule dans sa chambre, en retenant ses cris, sans savoir ce qui lui arrive, dans une souffrance atroce.

Les servantes au pouvoir ?

Peu à peu, les servantes prennent la parole et s'affirment.

Maupassant montre la force des filles de sa Normandie natale. Dans *Une vie* la vaillante Rosalie, « une grande fille forte et découplée comme un gars », est aux antipodes de sa rêveuse maîtresse et lui interdit de se plaindre : « Qu'est-ce que vous diriez s'il vous fallait travailler pour avoir du pain, si vous étiez obligée de vous lever tous les jours à six heures du matin pour aller en journée ! »

Au théâtre, plus réaliste que les livres, depuis longtemps on les voit, pleines d'esprit, prendre de l'ascendant sur leurs maîtres. La Toinette du *Malade imaginaire* est devenue immortelle avec sa réplique où elle se prend pour un médecin accompli, et dans Marivaux, la servante devient l'agent de tous les stratagèmes amoureux.

Les Lisette et Silvia laisseront la place, après le Second Empire, à ces ouvrières de la propreté forcenée qui durent attendre le cinéma pour se voir réhabilitées. La Célestine de Mirbeau, immortalisée par Buñuel sous les traits de Jeanne Moreau, s'affranchit de son destin avec une volonté féroce. Intelligente, observatrice, hardie et perverse, elle aime le plaisir sexuel, les vrais hommes. Elle ose penser qu'elle a tous les atouts pour devenir une femme riche et respectable. En aucun cas comme sa maîtresse, sur laquelle elle ne mâche pas ses mots : « Madame a des yeux très froids, très durs, et qui ne me reviennent pas [...] Je n'aime pas non plus ses lèvres trop minces, sèches, et comme recouvertes d'une pellicule blanchâtre. »

L'idée de vengeance sera poussée à l'extrême par Genet et ses *Bonnes*, dans lequel les deux sœurs, toutes deux servantes, se révoltent jusqu'au meurtre. On en arrive là à un point extrême. Progressivement, le métier de bonne donne naissance à des professions plus reconnues : femme de ménage, nourrice agréée. Qui deviennent l'objet des nouveaux fantasmes littéraires (voir chap. 3). Mais qui aurait pu imaginer qu'un jour, des maîtresses de maison en viendraient à vouloir se garder les tâches domestiques pour elles ? En 1979, Christiane Collange annonce : « Je veux rentrer à la maison, plus longtemps, plus souvent, plus librement. » Aujourd'hui on ne compte plus le nombre de romancières fascinées par le torchon. Sous prétexte de dénoncer ses excès, Sylvie Testud, dans *Chevalier de l'ordre du Mérite*, décrit la vie d'une cadre supérieure, Sibylle, incapable de freiner son envie : « Dès que je pousse la porte de notre appartement, je me transforme. Sans plus aucune coquetterie, je retire mes escarpins, je jette mes vêtements dans la panière à linge sale. Je m'attache les cheveux sur le sommet du crâne, remonte mes manches. » Alors, le ménage, finalement, une façon sans artifice d'être tout simplement à la recherche de soi-même ?

Apologie des petites corvées est dédié à toutes les femmes qui ne voient dans leur ménage que corvées et obligations, et à tous les hommes qui ne s'y sont pas encore mis. Il aborde un phénomène de société nouveau : l'incroyable intérêt porté à la maison, qui transforme nos « corvées » en autant de gestes d'amour. Assaisonnés d'un brin d'humour et d'imagination, les témoignages recueillis traduisent une palette de sentiments très variés. Faire son ménage pour soi n'a rien à voir avec la satisfaction qu'on peut éprouver à le faire pour les autres ou à partager. Quand le blues ou l'ennui s'en mêlent, il arrive qu'on les fasse disparaître, par magie, d'un coup d'éponge. Le ménage donne aussi naissance à toutes sortes de créations littéraires, artistiques, qui parfois le prennent pour sujet. Mieux qu'une autre activité, il permet d'avoir une emprise sur son existence, même s'il trahit parfois aussi notre inconscient.

Ce livre n'a aucunement la volonté d'avoir pour effet un retour des femmes à la maison, c'est tout le contraire. Il a voulu démontrer que les satisfactions que l'on peut éprouver à faire ses petites corvées permettent de prendre du recul, de s'en libérer et (si possible) de partager. En le dégageant de son ghetto et de sa mauvaise image, il a voulu rendre le ménage plus accessible à tous. Aux hommes qui, outre l'idée d'un partage des tâches, commencent à le voir sous un nouveau jour. Aux jeunes qui le vivent comme un passage obligé en sortant de chez papa-maman, un nouveau repère.

Et si finalement, reconnaître son plaisir à « faire sa maison » c'était se donner le moyen de s'en libérer un peu ? En donnant le change aux hommes autrement que par des récriminations. Dans les rues des villes chinoises, on voit un peu partout ces derniers faire de la calligraphie dans la poussière avec des bouts d'éponges coincés dans des manches à balai. Annoncent-ils par là une nouvelle ère où l'intérieur et l'extérieur, l'art et la poussière, l'homme et la femme seraient enfin réconciliés ?

BIBLIOGRAPHIE

AUBENAS Florence, *Quai de Ouistreham*, L'Olivier, 2010.

BARONNE DE STAFFE, *Les Secrets pour plaire et être aimée*, Gallimard, 1958.

Béatrice et Danièle, *C'est du propre !*, Hachette, 2008.

FRIEDAN Betty, *La Femme mythifiée*, Gonthier, 1963.

BAYLE-MOUILLARD Élisabeth-Félicie, *Manuel complet de la maîtresse de maison et de la parfaite ménagère*, 1834, Google books.

BEAUVOIR Simone (DE), *Le Deuxième Sexe*, Gallimard, 1949 ; *Mémoires d'une jeune fille rangée*, Gallimard, 1958.

BELFER Richard, *Guide ménager et galant de l'homme d'intérieur*, Poche, 2001.

CHAPSAL Madeleine, *La Maison de jade*, LGF, 1986.

CHIRAC Bernadette, *Conversations*, avec Patrick de Carolis, Plon, 2001.

COLLANGE Christiane, *Je veux rentrer à la maison*, Livre de Poche, 1980.

CRETIN Nadine et THIBAUT Dominique, *Le Livre des fêtes*, Gallimard, jeunesse, 1995.

CSERGO Julia, *Liberté, Égalité, Propreté*, Albin Michel, 1988 ; *L'Éducation alimentaire mise en perspective : que nous apprend l'histoire*, Publications de l'IFN, décembre 2008.

DENNISON Paul et Gail, *Brain Gym. Le Mouvement, clé de l'apprentissage*, Souffle d'or, 2010.

DURAS Marguerite, *La Vie matérielle*, P.O.L., 1987.

EIGUER Alberto, *L'Inconscient de la maison*, Dunod, 2009.

ELEB Monique, *L'Invention de l'habitation moderne*, Hazan, 2004.

ESTRADE Patrick, *La Maison sur le divan*, éd. Robert Laffont, 2009.

FIELDING Helen, *Le Journal de Bridget Jones*, J'ai Lu, 2000.

FLAUBERT Gustave, *Un cœur simple, in Trois contes*, Livre de Poche, 1877.

GACON-DUFOUR Marie Armande Jeanne, *Manuel complet de la maîtresse de maison et de la parfaite ménagère*, 1826, Google books.

GENET Jean, *Les Bonnes*, Gallimard, 1947.

GRÉGOIRE Ménie, *Comme une lame de fond*, Calmann-Lévy, 2007.

HENRICHS Bertina, *La Joueuse d'échecs*, Liana Levi, 2005.

KAUFMANN Jean-Claude, *Le Cœur à l'ouvrage. Théorie de l'action ménagère*, Armand Colin, 1997.

KUPERMAN Nathalie, *J'ai renvoyé Martha*, Gallimard, 2005.

LAMARTINE, *Geneviève, histoire d'une servante*, 1850, éd. R. Simon, 1936.

MARTIN-FUGIER Anne, *La Bourgeoise*, Grasset, 1983.

MAUPASSANT Guy (DE), *Une vie*, Gallimard, 1883.

MIRBEAU Octave, *Le Journal d'une femme de chambre*, Fasquelle 1900, Gallimard 1984.

ORTHS Markus, *Femme de chambre*, Liana Levi, 2009.

OSTER Christian, *Une femme de ménage*, Les Éditions de Minuit, 2003.

PERROT Michelle, *Mon histoire des femmes*, Seuil, 2006.

RAFKIN Louise, *Les Moutons sous votre lit*, J'ai Lu, 2001.

ROSSELINI Isabella, *Quelque chose de moi*, Nil, 1999.

SERFATY-GARZON Perla, *Marre d'être une fée du logis*, Armand Colin, 2008.

SERRURIER Catherine, *Ces femmes qui en font trop*, La Martinière, 2002.

TESTUD Sylvie, *Chevalier de l'ordre du mérite*, Fayard, 2011.

THORP Gary, *Le Zen des petits riens*, éditions Anne Carrière, 2000.

ZOLA Émile, *Pot-Bouille*, *in* « Les Rougon-Macquart », Gallimard, La Pléiade, tome 3, 1882.

À titre indicatif, voici quelques sites internet où les tâches ménagères font l'objet d'investigations et de débats « à bâtons rompus » : psychologies.com, feminin-masculin.com, elleraconte.com, entoute-serenite.fr, marie-clairemaison.fr, bienchezsoi.net, radins.com, ctoutmoi.net, orthodoxa.org, feministes.net, atchoumation.net…

REMERCIEMENTS

Je remercie toutes les personnes qui ont bien voulu apporter leur témoignage à ce livre, ainsi que Pierre-Marc Levergeois, pour ses précieuses informations sur les tâches ménagères dans l'art et Bérangère Ruet et Anaïs Viavant, pour leur relecture attentive.

TABLE

Pour l'éditeur, le principe est d'utiliser des papiers composés de fibres naturelles, renouvelables, recyclables et fabriquées à partir de bois issus de forêts qui adoptent un système d'aménagement durable.
En outre, l'éditeur attend de ses fournisseurs de papier qu'ils s'inscrivent dans une démarche de certification environnementale reconnue.

COMPOSITION FACOMPO À LISIEUX

CET OUVRAGE A ÉTÉ IMPRIMÉ EN FRANCE
PAR CPI FIRMIN-DIDOT
À MESNIL-SUR-L'ESTRÉE
POUR LE COMPTE DES ÉDITIONS LATTÈS
EN JANVIER 2012

N° d'édition : 01 – N° d'impression : 108964
Dépôt légal : janvier 2012